EN PLEIN FAUBOURG

DU MÊME AUTEUR :

Pour paraître prochainement :

TRENTE ANS !

Histoire d'un jeune homme sous la Troisième République

En préparation :

LA BANQUEROUTE DE LA LIBERTÉ AU XIXᵉ SIÈCLE

HENRY LEYRET

EN PLEIN FAUBOURG

(MŒURS OUVRIÈRES)

PARIS
BIBLIOTHÈQUE CHARPENTIER
G. CHARPENTIER ET E. FASQUELLE, ÉDITEURS
11, RUE DE GRENELLE, 11

1895

A

JEAN DOLENT

Au passionné amoureux d'Art
épris des « vérités ayant la magie du rêve »,
au penseur ému
qui,
loin du boulevard,
en sa rue de Belleville,
vit près des Humbles,
sont respectueusement dédiées
ces pages vécu en plein faubourg.

H. L.

INTRODUCTION

INTRODUCTION

L'embarras n'est pas d'agir, c'est de dire ses actions. « Telle chose m'advint », passe ! mais : « J'ai fait cela » ?

Revenu de ce voyage en Hollande, par quoi il démontra qu'à nul obstacle ne se doit buter un esprit curieux d'apprendre, Pierre le Grand eut toute grâce — et sans doute y mit-il quelque grain de coquetterie — à narrer devant ses sujets son stage d'ouvrier chez les Occidentaux. Si de vieux boyards orgueilleux en sourirent, l'histoire ne le sait plus ! Ne se souvient-elle point que de la forte leçon d'énergie donnée par cet empereur laissant là son trône pour s'en aller en apprentissage, tel un fils d'artisan ?

Peut-être l'exemple de Pierre emporta-t-il les derniers scrupules de cet écrivain allemand qui s'embaucha — trois ans passés — comme ouvrier, dans le désir de voir où mène le socialisme. Plus près des choses, celui qui écrit ces lignes n'eut point souci, qu'on l'en croie! d'imiter l'enquêteur teuton, moins encore la présomption de se régler sur le héros russe, le jour où, cédant à la tentation d'observer chez eux les ouvriers, il se résolut de tenir en plein faubourg commerce de marchand de vin.

Louer une boutique, l'orner, oh! de quelle simplicité, meubler la cave, instaurer les rayons d'indispensables alcools, vraiment cela ne demande aucun effort. Mais s'asseoir derrière un comptoir de zinc, débiter des « petits verres », se domestiquer au service d'une clientèle pas toujours commode, s'entendre appeler patron, enfin se muer en mastroquet, être cette chose : un *bistro*, — ah!

Pourquoi m'en défendrais-je? Les premiers jours, j'eus des nausées. C'est qu'aussi

l'éducation m'avait peu préparé à ce genre
d'études. Mes seize ans s'étaient auréolés de
ce bel espoir maternel : « Tu seras notaire ! »
Las ! à peine bachelier, je connus les vanités officielles. Mais où sont les fringants
attachés — *quorum pars...* — caracolant
place Beauvau, jeunesse luisante qui piaf-
fait dans les couloirs de la Chambre, papil-
lonnait aux soirées de la Présidence et des
Ministères, pauvres rejetons parlementaires
campés en Dauphins de la République,
quand ils n'en étaient que les têtards? Aujourd'hui, les têtards grandis, préfets ou
sous-préfets, ajoutent à la gloire de cette
Administration qu'un instant je frôlai. « Il
se laisse vivre ! » avait dit en souriant *mon*
ministre, devant l'insouciance de ce jeune
attaché indifférent aux faveurs convoitées
dans son entourage, et ce rarissime désin-
téressement s'était trouvé récompensé par
le ruban violet. Oh ! joie. Lorsque tant de
scepticisme me permit de goûter les dou-

ceurs des si prestigieuses palmes académiques, avais-je bien vingt-et-un ans?... Pas tout à fait !

Vanité de mes premiers printemps ! Que fièrement elle se trémoussait, si drôlette à virevolter avec des prétentions d'homme d'État; au milieu de cette comique pépinière de politiciens, en ces confortables bureaux tout de bien-être et de chaleur, où croquer des patisseries constituait la plus absorbante des occupations. Un symbole ! ces *five o'clock* improvisés à côté du cabinet du *patron*, préludant aux fonctions officielles futures, aux fringales à étouffer, plus tard, lorsque — largement — paierait la Princesse, cette bonne vache à lait de tout temps promise aux quenottes tôt aiguisées des nourrissons ministériels !

Pourtant, de telles gourmandises, encore que parfois des plus induisantes à discourir sur les bénéfices probables des boutiquiers, ne me prédisposaient aucunement à tenir un comptoir de mastroquet. Mieux, au Palais-Bourbon, la buvette réservée à messieurs nos maîtres élus m'eût pu donner une plus exacte idée des succédanés de Bercy. A discrétion s'y rafraîchissaient secrétaires de ministres, attachés de cabinet : en quelle Cour d'appel requiert donc aujourd'hui — maintenant avocat-général grave et pondéré ! — ce secrétaire du garde des sceaux qui épouvantait les huissiers de la buvette par son amour immodéré des sandwiches au foie gras ?...

Sandwiches digérées ! gloriole envolée ! Le ministère renversé, adieu *les délices du pouvoir !* Paris est loin. Soudain voici la province, où si paisible coule l'existence, sur les bords d'une rivière roulant ses eaux silencieuses entre de hautes montagnes écrasées sous un ciel oppressant de noires grisailles. Pays d'industrie — pays de misère ! En haut des riches — des pauvres en bas ! Quelque temps, j'y écrivaille dans une feuille quotidienne, agréablement occupé près de bourgeois aimables, — pas assez loin des péripéties de la lutte sociale pour que m'en soit cachée, longtemps, l'âpreté révoltante.

C'est que les années fuient, l'esprit mûrit, un choc suffit pour que tombent, tristes ruines ! les opinions reçues sans contrôle de qui nous façonna au début de la vie. C'est la crise ! Qui ne la subit, du moins chez ceux-là dont l'âme se garda des viols dégradants à jamais ? Facilement, elle chasse les préjugés, elle renverse les erreurs déjà effritées par les premières atteintes de l'expérience, comme un coup de vent abat d'une poussée ces arbres crevassés de lézardes qui, pour s'écrouler, attendent le secours de l'ouragan.

La tempête passée, qui emporta croyances vaines, illusions ridicules, quiétude coupable, laissant table rase, quoi faire ? sinon se vouer délibérément à la recherche du vrai, se retremper dans la poursuite des régénérescences souhaitables, en route pour la Vie ?...

Dès lors, sous la menace des batailles sociales prochaines, cette question m'obséda : approcher l'ouvrier, l'étudier chez lui, au repos, loin de l'atelier déprimant, loin des réunions publiques menteuses, se mêler à ses misères, rire et pleurer comme lui... près de lui, pour le connaître.

Depuis des mois, le soir, Eugène Carrière, pour son *Théâtre à Belleville*, montait au faubourg surprendre le Peuple dans son intensité émotive. Faire vrai — idéalement ! N'est-ce point la chimère de tout intellectuel qui sent et qui veut, et quels livres, même des plus parfaits, égalent l'école de la nature, quand elle se révèle à des yeux qui cherchent à voir avec le cœur et l'esprit ? Un autre peintre, épris de solitude et de recueillement, Paul Gauguin, ne s'est-il point exilé durant trois ans à Tahiti, au pays *maori*, et, là, cet étrange artiste ne

vécut-il pas en sauvage au milieu des sau-
vages, ayant en lui si complètement dépouillé
l'européen pour se rapprocher d'un art plus
primitif, qu'il parvint à se créer une âme
intimement tahïtienne?...

A ces désirs d'artistes, mêler des espérances d'historien passionné de vérité, une
volonté de penseur capable de sensibilité,
puis se pencher sur l'humanité dolente, la
pénétrer dans l'abandon d'elle-même, en
tracer exactement — sans trahison! — une
image animée de la flamme de vie, le beau
rêve!

Lorsqu'il s'agit de vivre la vie de l'ouvrier, de partager son existence, réaliser ce
rêve s'accroît de difficultés pour qui se
trouva obstinément éloigné du Peuple, par
des occupations étrangères à l'atelier non
moins que par de sottes préventions bourgeoises. Sans doute une série de visites
dans les quartiers excentriques permettrait
d'écrire une suite de chapitres suffisamment

tachetés de couleur locale et qui ne manqueraient pas de quelques apparences de vérité ! Mais pour l'écrivain désireux de contribuer à faire connaître cette classe si justement appelée par M. Clémenceau : le Quatrième État, le propre n'est point de ramasser en courant une poignée de documents expressément choisis pour étayer un raisonnement déjà bâti de toutes pièces. Ces sortes d'enquêtes approfondies exigent une indépendance d'esprit telle que l'observateur, éloigné de tout parti pris, ne recule devant aucun fait, aucun document. Est-ce le bien qui s'offre à ses yeux ? Tant mieux ! Est-ce le mal ?... Qui prétendrait l'éviter ?

Et le mal, et le bien — en donnant à ces mots, de sens restreint par l'usage, la plus large signification humaine, — ne les discerne pas judicieusement celui-là qui se refuse à se mêler tous les jours à la foule, sur quoi précisément il n'arrête de philosopher. Ainsi s'explique que l'on ait tracé des ouvriers tant de tableaux surchargés de couleurs douteuses. Comment les bien connaître sans les fréquenter un long temps, coude contre coude, en une commune existence de tous les instants ?

Dans cette pensée, des écrivains anglais et allemands revêtirent la veste ou le bourgeron pour aller dans les mines, dans les manufactures, vivre la vie des prolétaires, en partager les peines, les besoins, les espoirs. Quel travestissement n'affronterait-on point pour mener à bien une enquête de vérité, et laquelle exige plus de précautions contre l'erreur que celle dont le but est d'observer les travailleurs, dans toute la complexion de leur être, sans fard ni mensonge, point gâtés par les déformations du théâtre ni du roman ?

Déjà, en deux circonstances, journaliste empêché d'arriver là où le souci de renseigner le public coûte que coûte me faisait, si jeune alors ! un devoir professionnel de pénétrer quand même, je m'étais transformé tour à tour en négociant en vins, et — combien empêtré dans le long tablier blanc! — en garçon de café! Ce à quoi m'incitèrent de mesquines nécessités de reporter amusé de triompher — si facilement! — dans la course à l'information, pourquoi n'en pas renouveler l'épreuve, mais plus poussée, et sérieusement, quand m'entraînait une ardente curiosité activée par la sympathie?...

Donc, ce fut résolu : je devins débitant. Loin du boulevard, en plein faubourg, je plantai ma tente sous pavillon de marchand de vin. Cinq mois durant, j'eus sous les yeux ce spectacle : l'ouvrier en manches de chemise. Débitant sceptique, gouailleur ? Non! Plutôt troublé de l'incessant contact avec cet être si décrié dont le moindre geste secoue la société moderne, cherchant à déchiffrer son visage durci à la tâche, ajoutant à l'émotion de l'imprévu les transes par où passe tout bon petit commerçant qui se tient au courant des affaires dans la vague inquiétude de la recette du jour... Ainsi, tout l'hiver, défilèrent par devers mon comptoir quelques membres de cette innombrable famille ouvrière — grands enfants au cœur large, ardents au travail, faciles à l'amour, par moments si frondeurs, si casseurs! et pourtant combien résignés, patients... mais la patience durera-t-elle?

... Et, comme les premiers vents d'automne dispersaient la rouille des arbres dénudés, tout là-haut, *chez eux*, j'ouvris mon cabaret...

Le Déluge, 15 septembre 1894.

PREMIÈRE PARTIE

LE REPOS

CHAPITRE PREMIER

LES ESTAMINETS DU FAUBOURG.

Nulle part mieux que chez les petits marchands de vin du faubourg ne se peut observer l'ouvrier. Là, il est chez lui. A l'atelier, sous le poids du travail qui l'accable, on le trouve aigri; dans la rue, il gauchit, il subit l'ambiance des choses, croyant, tout comme le bourgeois, à la nécessité de se composer une attitude; quant aux réunions publiques, elles l'exaltent, elles le transforment en citoyen actif, surtout sensible à la sonorité des phrases fortement cadencées, et, dans cette atmosphère tout enfiévrée des passions de la politique, l'*homme* disparaît pour ne laisser subsister que l'*électeur*.

Hors la famille, réunie à de trop rares intervalles, l'étroite boutique du débitant, à peine ornée des objets indispensables, si modeste avec ses quelques tables en bois blanc recouvertes de toile cirée, est le seul endroit où l'ouvrier se livre, se montre tel qu'il est. Il s'y sent à son aise, il cause, il bavarde, volontiers contant ses petites affaires, les coudes sur la table, tout à la joie de ce repos, — point emprunté, très franc. Sorti de là, très méfiant envers qui l'interroge, parce qu'il se suppose, pour qui n'est pas des siens, un objet de répulsion ou d'exploitation, il élude toute question trop directe, évitant d'y répondre autrement que par des échappatoires, à la vérité toujours content de parler, se noyant même dans un flot de paroles, jacassant, mais vainement pour le curieux, qui n'en tire qu'inventions malignes, ce que le faubourien appelle du « battage ».

Ainsi, dans es débits, on le surprend mieux

au naturel. Quoiqu'on en ait écrit, ces boutiques ne sont pas autre chose qu'un lieu de délassement où l'ouvrier se récrée, où il ne va pas, contrairement à l'opinion reçue, dans le but de se griser. A vrai dire, sauf les soirs de paye, les jours de chômage, on l'y rencontre peu. Le matin, au saut du lit, en se rendant au travail, il s'arrête une seconde pour boire sur le comptoir quelque chose qui le ragaillardise, café ou alcool ; le soir, s'il est content de sa journée; si, selon l'expression courante dans les ateliers, il a été *à la bonne*, c'est-à-dire s'il a beaucoup travaillé, il fait, avant de rentrer dîner, une station d'un quart d'heure. Mais ce n'est que les samedi, dimanche et lundi qu'il va chez les marchands de vin de façon coutumière. Encore, entre ceux-ci, est-il indispensable d'établir une distinction. Elle s'impose de par la différence qui les sépare en deux catégories très tranchées : les grands bars et les simples estaminets.

Les premiers représentent ces vastes comptoirs qui tirent l'œil par leur luxe tapageur, maisons aux enseignes éblouissantes de dorures, la façade crépie de couleurs criardes, fascinant les buveurs par les multiples rangées de bouteilles *factices* (1) étagées en rangs serrés derrière les glaces sans tain. Entreprises commerciales installées aux carrefours les plus passagers, elles appartiennent à des syndicats de gros négociants en vins et alcools, qui écoulent là des produits spécialement fabriqués en vue de la spéculation la plus productive. Quoique rigoureusement fermés au crédit,

(1) En général, le public se trompe sur la nature du liquide qui emplit ces milliers de flacons multicolores, au goulot proprement cacheté de cire, amoncelés dans les vitrines et à la devanture des débitants de vin. De l'eau colorée, tel est réellement le contenu de ces flacons : c'est ce que, dans le métier, on appelle du *factice*, ce que les distillateurs, les négociants de Bercy, vendent jusqu'à 0,50 centimes la bouteille tout apprêtée.

et bien que les jeux de cartes en soient bannis, ces comptoirs attirent l'ouvrier par l'excessive modicité des prix. Pour quinze centimes, il y boit « un café avec petit verre »; pour la même somme, un verre d'absinthe. Trois sous! quel travailleur, sortant de l'atelier, fatigué, essoufflé, résisterait à la tentation? Elle est si pénible, la montée du faubourg, si longue, et d'une tristesse si alourdissante, avec les maisons comme écrasées sous le poids de la misère, quand revient au soir, le corps anéanti, traînant le pas, pêle-mêle, l'énorme population des gagne-petits!... Devant les comptoirs flamboyants de lumières, beaucoup cependant détournent la tête. Effroi de la majeure partie des ouvriers, ces établissements, où ils s'arrêtent le plus souvent par besoin plutôt que par vice, par occasion plutôt que par habitude, leur apparaissent comme le séjour ordinaire des alcooliques, lieux redoutables, de réputation dangereuse, que tant de fois les ménagères ont maudits ! C'est à peu près l'*assommoir* décrit par M. Emile Zola, source d'ivresse brûlante qui éteint tout sentiment, qui tarit toute pensée, l'assommoir communément dénommé au faubourg : l'*empoisonneur*.

De l'*empoisonneur* au petit débitant tout change... même les boissons! Oh! non, certes ! que les petits marchands de vin se puissent vanter, hélas! de ne vendre que du pur jus de raisin, que des alcools absolument naturels : comment le feraient-ils, puisque leurs fournisseurs sont les premiers à les tromper sur la qualité de la marchandise? Mais, déjà, se note un degré de perfection : le *poison*, moins violent, mieux dosé, effleure à peine l'organisme corporel. N'est-ce point un avantage si, même l'attaquant, il ne le corrompt que plus lentement?... Plus modestes, sinon moins bruyants que leurs grands confrères, de tenue plus familière, sans rien des trop voyantes enseignes enluminées pour raccrocher la Rue, ces estaminets s'offrent de manière engageante — comme amicalement. Au comptoir, toujours placé près de la porte d'entrée afin que le passant hésite moins à s'arrêter (commerce oblige !), on peut également boire sur le zinc, debout, en deux secondes ; çà et là, des chaises, des tables, où nul garçon n'osera interrompre une partie de cartes trop prolongée, où le patron au contraire s'empressera de prendre place pour faire « un quatrième à la manille », très obligeamment. Enfin une clientèle limitée, mais qui se connaît, se fréquente, s'amuse en chœur, qui accourt tailler une bavette aux instants de liberté, — humanité s'agitant sans voile, chagrine ou égayée, sous les yeux du commerçant paterne trônant derrière son comptoir un peu comme un confesseur social.

Serait-ce ce caractère de confident, de conseilleur, qui dans l'opinion publique nuisit aux marchands de vin? On les aime peu. La bourgeoisie, assez encline à se décharger sur autrui de ses propres méfaits, semble les rendre responsables de tout le mal dont l'accuse le prolétariat. Parce qu'il s'est rencontré que des cabaretiers, aidés du parti révolutionnaire, ont fait une fortune politique, la corporation entière s'est vu reprocher les revendications et les progrès du socialisme. Polémique enfantine, qui prend l'effet pour la cause, et qui prête aux débitants une importance dont quelques-uns seuls sont en droit de se parer. La politique!... le commerce les occupe davantage. Repoussée à cause de ses traîtrises, des divisions, des disputes qui en découlent, ils envisagent la première avec crainte, s'efforçant de la bannir de leur comptoir; en de nombreux estaminets, défense expresse est faite aux clients de parler politique à haute voix. Seuls l'acceptent, la provoquent, ceux à qui l'amitié de quelque personnage populaire du quartier, élu ou *comitard* influent, vaut une augmentation de clientèle près des agents électoraux et des solliciteurs. Très fiers de paraître quelque chose, en outre habiles à profiter de leurs relations pour se couvrir contre la rigueur ou les justes sévices des représentants de l'administration, ils deviennent alors des partisans dévoués du député, du conseiller municipal — ou du futur concurrent, — ils ne cessent de le patronner, de le louanger auprès des ouvriers, leur promettant son appui, les poussant, pour les mieux enchaîner, à solliciter — « Ne vous gênez pas ! Un tel est mon ami, je n'ai qu'un mot à lui dire : votre affaire est faite ! » — centralisant les requêtes, prenant l'initiative des pétitions du quartier, enfin satisfaits lorsqu'ils décident un Comité à transporter chez eux son siège !

Mais c'est à peine si les élus de Paris, flanqués de leurs comités, sont un cent ou deux, et la corporation des marchands de vin comprend plusieurs milliers de membres! En vérité, plus que la fréquentation des politiciens, les débitants ont à craindre un ennemi autrement dangereux, qui jour et nuit les menace de ses coups ténébreux, les enserre de ses fils, fait d'eux sa chose ou les brise, puissance encore plus redoutée que détestée, à qui, malgré toutes les révolutions, la tradition maintiendra quand même dans le peuple son autorité, composée d'arbitraires et de tracasseries : la police!

Aujourd'hui, chacun a le droit d'ouvrir ce que la préfecture appelle un « débit de boissons à consommer sur place ». L'autorisation de jadis, accordée ou refusée après enquête et sous justification de certaines conditions, a été, comme on sait, supprimée. Les débitants sont uniquement tenus de faire à la préfecture de police une simple déclaration contre laquelle on leur remet un récépissé sur papier timbré : coût 0,60 centimes, et c'est tout ! Ce papier en poche, le *mastroquet* s'installe à son comptoir, sans plus songer à la police. N'est-il point en règle avec elle ? Administrativement oui, policièrement non. Elle lui a demandé son domicile, ses nom et prénoms, sa profession, le lieu et la date de sa naissance, et pas autre chose — les exigences de la loi s'arrêtant là. Mais si la loi est satisfaite, la police ne l'est pas. Sur cet individu, la veille inconnu d'elle, qui journellement va se trouver en communication avec la foule, il lui faut de plus complets renseignements. Et elle commence de lui constituer son dossier ! La connaissance du lieu de la naissance facilite les premières recherches. Le commissaire de police, immédiatement avisé, charge ses inspecteurs de prendre contact avec le nouveau patron, d'observer le genre de la clientèle, d'écouter, de noter ce qui se dit dans l'établissement, tandis que, dehors, tout en se promenant sur le trottoir, les agents de la paix ne perdent rien de ce qui se passe à l'intérieur ou aux entours. Selon les résultats de cette enquête, l'estaminet est mis en observation, avec ordre pour les agents de dresser procès-verbal au patron à chaque infraction, même légère, aux règlements administratifs. Au moins, les débitants connaissent-ils les dits règlements? Les malheureux! c'est tout juste s'ils savent l'heure à laquelle ils doivent fermer leur boutique.

Ayant eu l'occasion de visiter le commissaire de police de mon quartier, je le questionnai :

— Quelle doit être l'attitude d'un marchand de vin, contre lequel des agents verbalisent à tort?

— Ne rien dire et attendre.

— Attendre que, sur ce procès verbal, vous lui dressiez contravention?

— Ne suis-je pas là? tout disposé à écouter ses explications, tout prêt à lui rendre justice.

— Et s'il ne lui plaît pas de se déranger, de quitter son commerce pour venir faire antichambre chez vous, si, citoyen paisible et commerçant honnête, il pense avoir le droit de redresser lui-même, sur le champ, et poliment, s'il vous plaît ! l'erreur d'un agent qui outrepasse ses pouvoirs par ignorance ou par malveillance ?

Alors, le magistrat de formuler :

— Monsieur, un agent, encore qu'il eût mille fois tort, est censé ne se tromper jamais. C'est ainsi. Tenez ! si, moi, commissaire de police, m'étant absenté de Paris vingt-quatre heures durant, j'étais, au retour, appréhendé dans la rue sous un motif dont l'avant-veille j'eus proclamé l'illégalité, je ne protesterais pas, je suivrais docilement les agents, sachant par expérience combien sont nombreux les règlements de la police des rues, et que, tout

3.

commissaire que je suis, j'en peux ignorer quelques-uns, surtout, n'est-ce pas ? ceux qui auraient été édictés pendant ma courte absence, chose possible ! tant il se produit de changements en matière administrative. Eh bien ! pourquoi les débitants n'observeraient-ils pas une pareille docilité, eux qui se trouvent, par la nature de leur métier, soumis à une surveillance spéciale, et, croyez-moi, Monsieur, toujours justifiée ?...

Ce discours laisse entendre de quels arbitraires procédés la police en use à l'égard des débitants. Au-dessous du commissaire, dédaigneux de si petit gibier, certains subalternes, moins scrupuleux, plus terre à terre, ne se gênent pas pour lui donner la chasse, à moins que, crûment, ils n'en tirent poils et plumes. Celui-ci, cumulard, à la fois policier et représentant de commerce, fait ses offres de service, généreusement : acceptez ! et peut-être jouirez-vous de quelque tolérance ; refusez ! et lorsque, un jour de fête, vous demanderez une permission de nuit, vous serez tout étonné de vous l'entendre impitoyablement refuser, tandis qu'à vos voisins elle sera accordée. Un autre n'est pas sans relations avec les maisons de renseignements auxquelles s'adressent les commerçants : deux mots de lui, et vous avez une *fiche* parfaite; oh! cela ne coûte rien... sauf une légère commission pour l'intermédiaire; vous ne voulez pas comprendre ? alors, c'est du joli! à l'avenir, on ne vous livrera plus de marchandises qu'au comptant, car les négociants n'obtiendront sur vous que les pires renseignements. Un troisième, bon vivant, vous amènera des clients, lui-même se montrera fréquemment à votre comptoir, mais il est bien entendu, cela va de soi! qu'il aura toute faculté de payer plus tard... ou jamais ! Enfin, tout en bas, moins exigeants, mais plus talonnants, parasites de toutes les heures, quelques gardiens de la paix, à leur tour, lèvent sur vous la dîme séculaire du guet, sous forme de rafraîchissements... renouvelés ! Tout commerçant qui se soumet à ce triste servage ne peut y renoncer sans attirer sur lui des vengeances dangereuses. J'en sais un qui, dans le même mois, se vit dresser quatorze procès-verbaux par le même sous-brigadier ; il conta son cas au conseiller municipal, qui mit fin à la persécution. Fort heureusement pour lui, car les procès-verbaux sont suivis chacun d'une contravention qui se traduit par une amende, et il suffit d'un certain nombre de contraventions pour donner à la police le droit de fermer votre boutique... ou la faculté de vous tenir entièrement en son pouvoir.

Pour obvier à ces inconvénients, et sans doute pour augmenter leurs revenus, quelques débitants se sont affiliés à la police secrète. Il y a ainsi dans le faubourg pas mal de *souricières :* de là partent des rapports dénonciateurs, des lettres calomniatrices amenant des descentes de police chez le concurrent d'en face, aboutissant à des surpriprises désagréables pour tout un quartier.

Par contre, d'autres marchands de vin, sûrs d'eux-mêmes, connaissant leurs droits, se sentant protégés, négligent ostensiblement de témoigner à la police une quelconque déférence, gagnant à cette posture indépendante un accroissement de clientèle. Ce fut naturellement à ce parti que je m'arrêtai. Le faubourien a peu de sympathie pour le *quart d'œil*, peu d'estime pour les *flics* : il m'allait assez de suivre son goût, désireux qu'en ma boutique chacun fût libre d'exprimer son opinion sans contrainte comme sans péril.

CHAPITRE II

LA CLIENTÈLE, LE CRÉDIT, LA CONCURRENCE, LE POUVOIR DE L'ARGENT.

L'initiation fut rapide.

Selon la tradition — où ne s'impose-t-elle pas ? — les nouveaux établissements ne s'ouvrent au public que vers les cinq heures du soir, un samedi — jour de paye ! Son salaire en mains, l'ouvrier se laisse facilement tenter par la curiosité; le sachant, les commerçants en profitent : je me conformai à la tradition !

Ma boutique n'est pas grande ! Tout juste la place de trois tables, de deux douzaines de chaises. Crépie de couleurs sombres, elle apparaît sans prétentions, d'aspect humble presque. A l'intérieur, nulle glace, nulle vitrine imposante, point d'objet cossu. Seules, éclatantes de fantaisie, exubérantes de vie, des affiches de Chéret plaquent sur la couche verdâtre du mur leur lumineuse gaieté. Çà et là, des dessins de Gill, de Forain, de Willette. Ainsi parée, proprette, sentant le neuf, ma boutique suffit-elle? Très gravement, un vieux routier du quartier prononce :

— Ça peut !

Ouvrez tout !... Quelle anxiété ! L'émotion m'étreint. De cette épreuve que résultera-t-il? La supporterai-je d'assez bonne grâce? Saurai-je me plier aux nécessités du métier avec toute la souplesse désirable? Et une grande gêne me paralyse, dans une brusque velléité de tout planter là, si, près de moi, déjà admirablement secondé, je n'avais également pour m'encourager de vieilles connaissances du faubourg, braves travailleurs rencontrés au hasard des combinaisons politiques, seuls au courant du pourquoi de cet avatar... Et ainsi que cela se produit en tant de circonstances de la vie, où la simplicité des faits dément brutalement les folles divagations de notre imagination, tout se passa naturellement, sans heurts, comme la chose la plus ordinaire du monde, me laissant au cœur la sensation d'une demi-désillusion — « Ce n'est que cela ? » — dans la caisse (!) une recette de deux ou trois louis, ce qui, assurait-on, n'était vraiment pas mal pour un début!

Soirée animée. Des chants, des rires, un premier échange de bonnes paroles, de secouantes poignées de main. Après les boutiquiers, accourus se rendre compte, — en ces quartiers éloignés, qui forment comme une province, c'est tout un évènemet que l'installation d'un nouveau commerçant, — étaient entrés des curieux, des passants encore en tenue d'atelier, aux mains noircies par le travail, durcies par de constantes callosités, ouvriers pas fâchés d'anticiper sur le repos du dimanche en goûtant, ce samedi soir, un peu de liberté. Et, tout de suite, je note que leur voix, à commander, se fait impérieuse, le verbe haut, en même temps que le côté cassant du geste se corrige par la familiarité de l'allure, familiarité un peu grosse, bon enfant, comme il convient à des natures toutes d'instinct et de premier mouvement.

— Patron ! un demi-setier... bien fadé (1), pas ?

Le verre est bu, rarement d'un coup, à petites gorgées, sans se presser, en causant. Des questions, des promesses : « Nous vous amènerons du monde ! » Quelques airs protecteurs : « Si vous m'écoutez, vous ferez des affaires ! » Des conseils, beaucoup de conseils ! D'un air entendu, tous disent : « Surtout, ne faites jamais de crédit ». Ils vous glissent cela, gentiment, chacun à son

---

1. Bien servi.

tour, en braves gens expérimentés qui vous veulent du bien, sachant combien de commerçants périrent victimes de leur confiance, puis, un moment après, ils sont les premiers à vous dire, crânement :

— Patron ! c'est pour moi la tournée.

— Mais, ne me disiez-vous pas...

— Oh ! moi, vous pouvez demander à tous les commerçants du quartier. Je suis bien connu !

Un vieux faubourien essaya de m'initier aux dangers du crédit :

—Voyez-vous, patron, l'ouvrier n'est pas autrement fait que le bourgeois. Nous sommes tous des hommes ! Comme chez les bourgeois, il y a chez nous des camarades qui paient leurs dettes quand ils le peuvent. Ça peut être long, mais on y arrive. D'autres ne s'acquittent jamais : ils aiment bien *se les caler*, mais *à l'œil* (1) ? Affaire de

2. S'emplir les joues sans aucun débours.

tempérament. Comment distinguer les bons
des mauvais? Je vous dirais bien que les
seconds ont la bouche pleine de leur honnêteté, que les premiers sont moins hardis,
mais non! Impossible de les deviner, *y a
pas plan* (1)! Les plus malins s'y trompent
tous les jours, ce qui explique en partie
comment tant de marchands de vin se trouvent rapidement acculés à la faillite ; pour
leurs échéances, ils comptent sur ce qu'on
leur doit, mais la quinzaine finie, pas de
pognon (2) et, les fournisseurs mécontents,
l'huissier s'en mêle. Donc, point de crédit,
sinon vous perdrez votre argent, tout en
rendant un mauvais service à vos clients
qui s'endetteront... jusqu'au jour où ils ne
mettront plus les pieds chez vous, et vous
n'aurez pas un sou d'*afure* (3).

Sages propos, dont par la suite je véri-

1. Pas moyen.
2. Argent.
3. Bénéfice.

fiai la justesse. Mais cela est ainsi partout, tant pis pour qui s'y laisse prendre, c'est l'*aléa* du commerce! Le moyen de refuser à boire ou à manger à qui n'a rien dans le ventre, étant sans travail! D'ailleurs les ouvriers besogneux n'abusent pas du crédit; ils s'en tiennent au strict nécessaire, et, la misère passée, ils se rattrappent à force d'économies. Tous? Non. Quelques-uns s'en vont ailleurs recommencer le même tour, sans plus penser à ce qu'ils doivent, très surpris si on leur insinue qu'à agir ainsi ils frisent la malhonnêteté, déclarant sans réplique que « les dettes de bistro, ça ne se paie pas : c'est du jus de noyau »! Théorie surtout en cours chez certains jeunes gens qui ne manquent pas de se signaler entre eux les débits où « y a du bon » (1). Encore en ai-je vu beaucoup qui, ayant un jour de noce (!) dépensé plus qu'ils n'avaient

---

1. Possibilité de glaner quelque chose.

sur eux, s'empressaient de venir régler leur petit compte à la fin de la quinzaine.

En somme, les mauvais payeurs sont l'exception. Ouvriers sans travail, *débauchés* — en opposition à embauchés, glissés à la paresse, obligés de bricoler, de « faire du truc », naturellement ils ne négligent aucune occasion de boire, et de s'amuser aux frais d'autrui. A soi de se défendre si l'on y tient ! Le principal est de se former une bonne clientèle. Problème dont la résolution exige des conditions d'une nature très spéciale. Cela viserait la psychologie du débitant dans un manuel du parfait marchand de vin. Cet homme, supposé plein de défauts, doit être plein de qualités : il lui faut un estomac solide, la langue bien pendue, la main facile, un visage souriant mais capable de se rembrunir si besoin est d'en imposer aux clients récalcitrants. Le reste, comme la bonne marchandise, ne vient qu'après : c'est presque du superflu !

4.

Là où il peut rire et bavarder, l'ouvrier accourt. Malheureusement accourent à ses côtés des bandes de vauriens à l'affût des estaminets où ils aient la double possibilité d'*empiler* (1) à la longue le patron et de se réunir après leurs mauvais coups. Tout nouveau marchand de vin reçoit leur visite. Je la reçus. Gais, casseurs, la langue preste, le rire facile, c'était une demi-douzaine de boute-en-train joyeux, si joyeux que, huit jours après, je dus leur montrer la porte. Mes gaillards revenaient chaque jour, m'amenant — aimable attention ! — de nouvelles têtes, quelques-unes de construction intéressante, j'en conviens, et nouvelles pour moi, mais si bien connues de quelques autres clients que les occupations des individus qui les portaient — hommes et femmes — m'en furent vite révélées. Un soir, ils s'adjoignirent deux ou trois gamins d'une

1. Tromper, ne pas payer les consommations.

dizaine d'années, pas plus haut que ça! l'air insolent, l'œil si vicieux! avec, au doigt, une grosse bague en or, ces marmousets! dans la poche des pièces dont le tintement provoqua entre tous une conversation à voix basse, bientôt suivie de ce bref commandement lancé par le plus jeune : « Deux litres! » Et ces mots fièrement se soulignaient d'un geste résolu : le jet sur la table d'une pièce de vingt francs. Charmante association de souteneurs et de tire-laines, dont la compagnie, pour curieuse qu'elle fût à observer, ne répondait pas précisément à l'objet de mon enquête. Sur le champ, je me privai de la société de ce joli monde, et oncques ne revis chez moi escarpes ni *marmites*.

L'ouvrier honnête, et qui travaille, et c'est l'énorme majorité, méprise absolument ce genre d'individus. Il délaisse les cabarets où il sait pouvoir les rencontrer. Ce danger évité, peu à peu se forma un noyau d'habitués, grâce au hasard, à la camaraderie, ainsi que, chose étonnante! à l'entremise de quelques commerçants du quartier.

— Faites-vous un zanzibar, patron?

— Soit!

Sur le zinc, les dés vont et viennent. Mon interlocuteur est un homme d'une cinquantaine d'années, bien pris de taille, les épaules carrées, un semis de neige dans les cheveux, la moustache épaisse et noire, le menton proprement rasé, les joues pleines. Dans les yeux, transparaît le rayonnement de la paix de tout l'être. La tenue, celle d'un ouvrier embourgeoisé.

— Patron, c'est moi qui ai perdu. Bah! vous me ferez rattraper ça.

— Volontiers!

— Si vous avez des travaux de fumisterie à commander, adressez-vous à moi, je suis établi dans le quartier, oh! petit patron, et pas depuis longtemps! Enfin, ça y est tout de même.

Vingt ans, narra-t-il, il avait travaillé comme compagnon, tantôt ici, tantôt là, chômant parfois, alors parcourant les provinces à pied, y tâtant de tous les métiers, un jour maçon, le lendemain mineur. Temps d'épreuves : la faim, le froid, sans gîte. La révolte, des jours, lui tenaillait le cœur, des idées de sang germaient — on a la tête chaude et les patrons sont si durs! Enfin, revenu à Paris, il trouvait une place stable, se mariait, épousant une femme d'ordre, qui le soignait, plaçait quelques sous à la Caisse d'épargne, lui donnait quatre enfants, économisait quand même, si bien qu'un beau jour les petites économies lui permettaient de s'établir, de devenir, à son tour, patron. C'est si bon d'être son maître ! Il ne gagnait pas de l'or en barre, cette idée! mais, quoi! on vivait, et, le soir, jamais les gosses ne se couchaient sans avoir avalé une grosse assiettée de soupe qui leur tenait le corps bien chaud!... Et c'était aux petits commerçants, n'est-ce pas ? à s'entr'aider, l'un faisant travailler l'autre, dans une fraternelle réciprocité !

Cette union des petits, ce syndicat moral des boutiquiers, comment ne les point encourager? devant la rapide progression des grands magasins, des grands épiciers, des grandes sociétés de coopération, qui enserrent tout Paris, conquèrent toute la France, supprimant le petit commerce, annihilant l'initiative de milliers d'individus, leur liberté, les réduisant à s'enrégimenter sous leur propre direction — maintenant malheureux employés domestiqués. Unissons-nous ! Ce cri retentit dans tout le faubourg, assez inutilement, d'ailleurs, car, outre l'impossibilité de lutter contre le bon marché de la concurrence, un ferment de discorde divise les commerçants, trop disposés à se jalouser, à se nuire, et la plupart vivent entre eux sur un pied de guerre — pour des niaiseries !

Pourtant, quelques-uns, tel l'homme au zanzibar, sortent de l'atelier. En le quittant, ils ont poussé le même soupir de soulagement qui soulevait les affranchis délivrés de l'esclavage. La liberté ! Ce bien si péniblement acquis — acquis après quelles privations ! après quelles endurances ! — vont-ils sottement le compromettre pour des rivalités de rue ? Eux, vieillis dans le coudoiement journalier de leurs semblables, les plus grincheux passant, à travers ce frottement quotidien, de l'intolérance batailleuse à l'indulgence la plus souriante, succomberont-ils à l'action dissolvante des passions étroites, des rancunes mesquines ? Les verra-t-on, ouvriers devenus patrons, emprunter à ceux-ci, avec le sérieux du souci des affaires, la morgue, l'importance, l'imbécillité, qui sont le partage incontesté de nombreux boutiquiers ?... Quelques-uns se gardent de tomber dans ce travers. Hélas ! la majorité, en même temps que de situation, change de sentiments. L'orgueil entre dans leur âme, l'orgueil de ce commencement de fortune (!), l'orgueil de s'appartenir, et, c'est le crime! l'orgueil — enfin! — de commander. Ah! ce comptoir de boutiquier, qui dira les transformations morales... ou immorales, opérées derrière ce meuble vulgaire, laid, exhalant l'éternel mensonge des transactions commerciales? meuble immuable et plat, pour les foules symbole merveilleux du pouvoir de l'Argent, car il évoque ce mot aux syllabes magiques : la Caisse, — la Caisse, cause et pivot de la Loi!

C'est que, ni plus ni moins que le bourgeois, les ouvriers, malgré qu'ils en aient, conservent à la fortune son rayonnant pouvoir. « Celui-là?... Pour sûr qu'il a du pognon! » Et cette affirmation s'accompagne d'un involontaire sentiment d'admiration, dût celui qui a parlé ajouter ce prompt correctif : « Facile de s'enrichir quand on est une pareille canaille! » Correctif où il

entre moins de jalousie que de mélancolie,
l'infinie mélancolie des êtres qui se savent
condamnés à finir dans la misère, à peiner,
à trimer, jusqu'à la mort, ayant dès longtemps
laissé derrière eux l'espérance d'un
arrêt possible dans l'incessante course au
gagne-pain quotidien !... L'argent ! Ils en manient
si peu, les malheureux ! Celui que leur
rapporte le travail, et ils n'en possèdent
pas d'autre, est escompté d'avance par la
bourgeoise, qui, souventes fois le long de la
semaine, récapitule sur ses doigts les sommes
indispensables pour le ménage, la nourriture,
les enfants...

C'est tous les quinze jours que sont payés
les ouvriers dans la plupart des ateliers.
Les ouvriers obligés de se déplacer, de
travailler tantôt dans un quartier, tantôt
dans un autre, terrassiers, maçons, plombiers,
fumistes, reçoivent chaque matin
pour leur déjeûner un prêt qui varie de
trente à quarante sous. Le samedi de « quin-

zaine », l'ouvrier touche sa paye... ou ce qu'il en reste, si elle a été écornée par le prêt, par des avances. Ce jour-là, le faubourg revêt une physionomie très particulière, mélange de gaieté et d'anxiété, de mouvement et d'attente, comme si une vie nouvelle succédait aux mornes accablements de la semaine. Les ménagères se mettent aux fenêtres, descendent sur le pas des portes, et parfois, impatientées, le cœur angoissé, on les voit qui partent à la rencontre des maris, sur la route de l'atelier. Leurs largesses, dès qu'ils se sentent quelques sous en poche, elle ne les connaissent que trop! et combien, inconscients, sans besoins, sans vices, pour l'unique joie d'oublier, ne fût-ce qu'une heure, le labeur éternel de la géhenne patronale, emportés en des rêves de bien-être, de bonheur, vers les jouissances imprécises des chimères, combien prennent plaisir à dépenser sans comptes, follement, généreusement, ces sous, ces maigres sous si chèrement gagnés par tant de fatigues, par tant de rancœurs !

Et, dans la rue, des voix grondent; dans les maisons, des injures volent, boueuses et coléreuses, des mains se lèvent, des pleurs éclatent, des enfants gémissent, tandis que, au cabaret, tout est à la joie, à l'ivresse — l'ivresse du chant plus que l'ivresse du vin.

CHAPITRE III

DE L'ALCOOLISME

Les sociologues, les moralistes, les puritains, n'arrêtent pas — non sans raison — de déplorer les progrès incessants de l'alcoolisme parmi la classe ouvrière. Appuyé de leurs écrits, le bon bourgeois (entendez ce mot au sens qui paraît le mieux lui convenir à l'heure actuelle, celui de : *ennemi du peuple*), le bon bourgeois, tout en sirotant un petit verre de chartreuse ou de fine champagne première marque, émet de sévères aphorismes sur les dangers de l'alcool, unique perdition, précise-t-il, des ouvriers. C'est le grand reproche, l'éternelle accusation — basée sur quoi ?... Sur le nombre des marchands de vin, sur la rencontre dans la rue de quelque pauvre diable titubant d'un trottoir à l'autre, basée principalement sur les statistiques. On a trop raillé les erreurs parfois colossales des statistiques pour s'amuser à un tel jeu. Peu importe que leur enseignement reste probant, définitif, ou parfaitement réfutable ; il n'égalera jamais la constatation des menus faits de la vie, rapportés dans toute leur simplicité suggestive.

Que, en de certains milieux, on continue d'attribuer le malaise général de la classe ouvrière aux effets de son penchant à l'ivresse, qu'on l'accuse tout entière d'alcoolisme endémique. Et j'ai bien constaté en effet que quelques ouvriers s'y livrent exclusivement (1). Mais ce que j'ai vu me per-

1. A la vérité, ce défaut est-il l'apanage de ces malheureux ?... La jeunesse bourgeoise, celle de France, celle d'Allemagne, ignore-t-elle l'abrutissement des *beuveries* prolongées du soir au matin, scandées des chants traditionnels en l'honneur de Bacchus ? *Nunc*

5.

met de croire que la grande majorité n'est point aussi alcoolique qu'on le dit, au sens littéral de ce mot terrible. Plus d'une fois j'ai entendu des ouvriers, parlant d'un camarade, dire : « Il boit, c'est un *poivrot!* » Et cela coupait la conversation comme un désaveu.

Un jour, le portrait de M. Emile Zola, publié par une feuille illustrée, étant tombé entre les mains d'un de *mes* clients, il fit à haute voix cette réflexion :

— En voilà un qui l'a bien mérité, de

---

est bibendum !... Ne sait-on rien des scandales causés dans les restaurants de nuit par les pochards en habit ou en smoking ?... Et les plantureux repas, largement arrosés des meilleurs crûs, jusqu'à plus soif, auxquels se complaît la *société* de plusieurs de nos provinces ?... Et les séparations de corps, les divorces prononcés après des débats qui révèlent chez les maris, hommes considérés ! d'invétérées habitudes d'ivrognes ?... Enfin, en leurs faits divers, les journaux ne font-ils pas connaître les chutes de fils de familles roulés dans les bas-fonds de Paris — *abrutis par l'abus des alcools ?*

n'être pas reçu à leur Académie! Il ne l'a pas volé.

— Tu le connais? Qu'est-ce qu'il t'a fait?

— Il m'a insulté, comme toi, comme tous les frères.

— En voilà du *battage;* tu nous en contes!

— Vous n'avez donc pas lu ses feuilletons, celui de l'*Assommoir?* C'est du propre! A l'en croire, nous serions tous des « saoulots » !

Un loustic cria :

— Tais-toi, Mes-Bottes?

Lui, sérieux, il racontait, il argumentait. Parce que, de temps en temps, l'ouvrier boit un verre, la belle affaire! Est-ce une raison pour le représenter comme un éternel alcoolique?... Et, maintenant, toute la salle, conquise, l'approuvait. Un seul se rebiffa, défendit chaudement l'auteur de l'*Assommoir*, expliquant que s'il avait un peu forcé la note, c'était dans l'intérêt de la classe ouvrière, et, frappant sur la table, il conclut :

— Zola a bien fait! S'il a décrit nos vices, c'est sur les bourgeois qui nous font ce que nous sommes que ça retombe!

L'accusation portait haut! La bourgeoisie mise en cause passa un vilain quart d'heure.

Ce trait, choisi entre tant d'autres, montre avec quelle ardeur l'ouvrier repousse le reproche d'alcoolisme. Qu'on le croie, ce n'est pas sans raison. Exception faite pour les alcooliques de profession, pour les jeunes gens — le désir de s'amuser, propre à leur âge, les entraîne plus que le vice — l'ouvrier boit modérément.

Ce qu'il préfère à tout, c'est le vin. Tandis qu'à côté de lui, l'ouvrier étranger ne vient chez le débitant que par gourmandise, prenant des liqueurs, des alcools, l'ouvrier parisien ne boit à peu près exclusivement que du vin, qui le soutient et l'égaie — et il aime fort à rire! Son verre empli, peu lui importe d'en renverser plus qu'il n'en boit, d'en donner aux camarades, pourvu qu'il raconte des tours de sa façon, arrivant ainsi à se griser autant avec ses paroles qu'avec ce qu'il consomme. Des groupes de cinq, de six ouvriers passent très bien leur soirée avec seulement — pour toute « la coterie » — deux kilos (litres).

Point de sirops : trop doux ! Un petit verre d'alcool — la goutte ! — avec le café. Comme apéritifs, le dimanche matin, deux ou trois verres de vin blanc, du vermouth, mais, plus que tout, de l'absinthe. Avec le vin, elle est, il faut bien le dire, la boisson aimée. A la sortie de l'atelier, le samedi, il s'en débite une quantité effroyable. Quelques ouvriers n'en boivent qu'un verre ou deux ; d'autres, moins nombreux, quatre ou cinq ; enfin, il en est, l'infime minorité, ceux-là touchant de trop près à l'alcoolisme, hélas ! qui, lorsque la joie les tient ou que la contrariété les pousse, vont jusqu'à quinze, jusqu'à vingt, jamais lassés, esclaves du mortel poison.

Parmi ces ouvriers qui justifient à eux seuls l'accusation d'alcoolisme lancée à tous les travailleurs, l'un d'eux m'avait particulièrement intéressé. Grand, solide, vrai type de Gaulois avec son front découvert, ses pommettes rouges et saillantes, sa longue moustache blonde, il avait déjà fait un séjour à Sainte-Anne, quoique à peine âgé de trente ans! Charpentier de son état, il passait pour un maître ouvrier, dur à la besogne, très sérieux au chantier, recherché des patrons. Des semaines entières il vivait sobrement. Puis, soudain, sans raison, il tirait des bordées. Quand je le chapitrais amicalement, pour toute réponse il disait :

— J'ai besoin de *m'asphyxier!*

Défense ayant été faite par moi de lui servir quoi que ce fût lorsqu'il paraissait avoir trop bu, ces jours-là il s'abstenait de venir. Quelquefois pourtant, je le vis arriver en état complet d'ivresse. Se sentant surveillé, il fuyait mon regard, se raidissait, calme, droit sur ses jambes, s'efforçant de paraître dans son état naturel. Mais il était trahi par ses expressions préférées en ses jours d'alcoolisme. S'il demandait un *pot-de-fleur* ou du *poussier* (vin), une *bleue* ou une *goutte de rosée* (absinthe), j'étais fixé ; le malheureux avait avalé dans sa journée deux douzaines d'absinthes ! Avec cela doux et robuste, à la fois conciliant et batailleur, très dévoué, mais dominé par la fée verte : je lui fis tant la morale que je ne le vis plus. Hélas ! Sainte-Anne l'attend.

Par bonheur, les ouvriers de cette catégorie sont l'exception. Je pourrais citer tous ceux que j'ai connus : pas même une dizaine ! D'ailleurs, la plupart de ceux-là sont célibataires. C'est que les braves ménagères ont vite fait de courir tous les cabarets du quartier pour en ramener leurs maris ! De temps en temps elles excusent une escapade. Le dimanche, même, elles accompagnent « leur homme » chez le marchand de vin, parfois aussi en sa compagnie boivent-elles un peu plus que de coutume, mais il ne faut pas pousser la dépense trop loin : avec quoi ferait-on à manger pour les enfants?...

Le faubourg serait-il le temple de la Tempérance ? Pas du tout ! Sur ce tableau, fidèlement tracé, des plaques salissantes, çà et là, projettent leur ombre indécise. Le matin, allant aux provisions, des femmes s'approprient une demi-douzaine de sous au préjudice du ménage : vivement, serrant sur leur bras un papier jaune graisseux, quelque déchet verdâtre de boucherie, elles se glissent, d'un pas furtif, dans les bars, demandent un verre d'asinthe, l'avalent en deux secondes. Suivez-les ! Quelques pas plus loin, nouvel arrêt, nouveau verre d'absinthe. Et ainsi deux, trois fois. L'habitude est prise, rien ne la chassera. Misérablement vêtues de hardes effilochées, sales, passées de couleur, elles apparaissent vieillies, usées, décharnées lamentablement. Quelles misères, quelles déceptions, les précipitèrent des amours étoilées de leur jeunesse dans cette déchéance physique et morale, hier courtisées, caressées, maintenant objet de dégoût, de répulsion?... Quand l'une d'elles, ayant passé la mesure, titube, s'affale, roule au ruisseau, la foule s'amasse et ricane, et hue, méprisante; sur le passage de la brouette qui transporte ce débris aviné, les ménagères se détournent, insultant à son abjection : « La charogne! »

Fuyant les établissements publics, d'autres femmes, d'ailleurs moins alcoolisées, se sont habituées à boire « la goutte » chez elles, régulièrement. A l'estaminet voisin, elles s'en vont chercher quelques sous de rhum, d'eau-de-vie, surtout du spiritueux suisse, ce que le peuple appelle du vulnéraire : « Cela fait passer le temps! » En fin de journée, il en résulte des rires plus aigus, une volubilité plus pressée, des mots sans suite, très risqués. Demi-griserie que dissipera le sommeil, si au préalable elle ne suscite avec le mari une querelle mêlée de coups; à moins que, jovial, il n'en rie, il ne s'en amuse, ayant mêmes goûts, mêmes plaisirs : n'est-ce point lui qui a donné l'exemple à sa femme — déjà excitée à s'entraîner par les commères — et, sa quinzaine reçue, n'absorbent-ils pas, à eux deux, quatre ou cinq litres de vin, sans compter la suite, en un seul repas?...

Ces mœurs sont assez regrettables sans qu'il soit besoin de les généraliser. Pourquoi les appliquer à la classe ouvrière tout entière, et à elle seulement? L'ordre social, à chacun de ses degrés, se trouve-t-il point vicié par des tares, des sanies, toute une pourriture qui écume et qui bouillonne, qui lentement désagrège l'organisme rongé par le chancre de la décomposition finale? Quelle classe se peut affirmer saine, pure ?... Et si, vraiment, c'est l'alcoolisme qui, chez l'ouvrier, produit le plus de ravages, à qui la faute?... Admettons, comme l'avancent, si infailliblement ! les statisticiens comme le lui reprochent, si amèrement ! les moralistes, que l'ouvrier se saoule — toujours. A six heures du matin, encore mal éveillé, il part pour l'atelier, il n'en revient que le soir, à sept heures, quelquefois plus tard, brisé, harassé, prenant à peine le temps de manger, puis il se couche, et dort... à moins qu'il ne se prépare pour l'avenir de nouvelles charges. Ainsi, tous les jours! Tous les jours, le même travail manuel accablant, qui le fait s'essouffler, ahaner, dans la perte totale de ses forces musculaires. Tous les jours, la même existence pénible, courbée, domestiquée, sans lueurs de repos, sans joie complète, — sans cesse la chaîne et le boulet, le boulet du gagne-pain s'il ne veut mourir de faim, la chaîne de l'esclavage s'il ne veut rouler au vagabondage. Le Travail est la loi fondamentale du contrat social, il est le moteur nécessaire, sacré : soit ! Mais, à ce travail, pour l'ouvrier, quelle diversion ? Où, ses distractions ? Où, ses divertissements? Où, l'oubli du labeur ininterrompu ?....Ignorant, ou si peu instruit ! il n'entend rien à nos livres, et puis, à un homme qui depuis son lever peina dix ou douze heures dans l'effort et la sueur, que parler de méditer sur l'histoire, sur la philosophie, sur la littérature ! Les théâtres ? les divertissements publics? cela coûte et fatigue !... Quels plaisirs à lui offrir, qui conviennent à sa nature fruste, brutale, de premier jet, ni sentimentalisée, ni intellectualisée, telle enfin qu'elle se développe dans le servage où le rive notre société ? Quoi, si ce n'est le cabaret, où, avec à peine quelques sous, il se sait le bienvenu, où, avec à peine quelques verres, il s'élève au-dessus des réalités oppressives, aviné, baveux, peut-être ! à coup sûr transporté dans le monde de l'exaltation et de la divagation, par quoi il s'évade un moment de la vie de souffrances et de privations dans laquelle Demain le rejettera ?...

Mais est-ce bien la quantité de ce qu'il boit qui altère la santé de l'ouvrier ? n'en serait-ce pas plutôt la qualité ?

De même qu'en Espagne des *toreadors* font partie de la Société protectrice des animaux, de même, si l'on cherchait bien, trouverait-on peut-être en France, parmi les membres des Sociétés de tempérance contre l'abus des alcools, quelque gros distillateur, quelque négociant de Bercy. A ce négociant, à ce distillateur, enrichi dans la vente des alcools dont, bourgeois vertueux, il condamne les effets désastreux pour la santé publique, demandez si jamais il servit sur sa table quelqu'un des produits de son commerce. Il haussera les épaules ! Toucher à de pareilles saletés ? Pouah !. Non, il a, lui, une excellente cave emplie des meilleurs crûs, des alcools les plus naturels. Cela n'a nul rapport avec ce qu'il vend : depuis quand, les manipulations du commerçant s'accordent-elles avec les goûts de l'homme privé?... En vérité, ces messieurs ont raison : les alcools de commerce flattent trop peu le goût, et ils sont si nuisibles à la santé! Les singulières matières qui participent à leur fabrication, des spécialistes les ont divulguées, on les a mille fois énumérées, et aujourd'hui ce n'est un secret pour personne que certains alambics n'égouttent que de chimiques combinaisons qui corrodent le corps, qui brûlent le cerveau.

Les distillateurs nient qu'il en puisse être autrement. La consommation publique est telle qu'il serait impossible d'y suffire avec les produits naturels; enfin ceux-ci sont d'un prix de revient trop élevé : avec les droits perçus par le fisc, aucun distillateur ne subsisterait, ce serait la ruine! Or, en quelle âme de commerçant entre-t-il assez de générosité pour que, par dévouement à l'humanité, cet homme abandonne, de gaieté de cœur, des bénéfices certains? C'est trop juste!

Il ne servirait à rien de dire à la suite de quelles triturations on obtient les compositions livrées sous formes d'alcools, de sirops. Peut-être ce travail, qu'au besoin l'on pourrait lire dans des ouvrages spéciaux, se trouvera-t-il plus avantageusement remplacé par le tableau suivant; c'est celui des prix que coûtent les liqueurs aux marchands de vin.

	Prix (au litre)		Prix (au litre)
Absinthe	2,50	Champagne	2,75
Vermouth	1,40	Citron	1,60
Rhum	2 »	Gomme	1,25
Marc	2 »	Guignolet	1,75
Kirsch	2 »	Amer	2,25
Genièvre	2,25	Anisette	1,20
Chartreuse jaune	3,50	Grenadine	1,30
» verte	4 »	Curaçao	1,20
Raphaël	2,25	Banyuls	1,50

Malaga	2 »	Groseille	1,25
Madère	2 »	Cognac	1,60
Byrrh	2,25	Cassis	1,20
Spiritueux Suisse	2 »	Menthe	1,60
Bitter	2,25	Orgeat	1,50

Tels sont les prix, défalcation non faite de l'escompte, auxquels les distillateurs cèdent leurs produits à la clientèle établie. Notons que ces prix sont choisis dans la moyenne, qu'il en est de beaucoup plus inférieurs : on peut avoir un litre d'absinthe pour 1 fr. 75, un litre de rhum pour 1 fr. 50, et même moins! ainsi de tout. Si donc l'on considère ce que chaque litre représente d'impôts, de frais, de dépenses de toutes sortes, sans compter les bénéfices du fabricant, que reste-t-il pour l'achat des matières premières?... Quelques centimes! Il est à peine besoin de se demander si c'est avec une somme aussi minime que les distillateurs ont la possibilité de se procurer et de vendre des produits naturels. Toutes les distilleries donnent-elles de gros bénéfices ? On n'oserait le prétendre. Mais certainement les distillateurs se moqueraient de qui hasarderait qu'en général ils font de mauvaises affaires ; plusieurs m'avouèrent arriver difficilement à satisfaire aux ordres de leur clientèle. En vérité, l'alcool, même cédé à des prix *minima*, leur est une source d'importants revenus. Ne serait-il donc pas aisé de réaliser moins de bénéfices — partant de mettre dans la circulation moins de *poison ?*

A débiter ce poison, les marchands de vin, à leur tour, ne partagent-ils la responsabilité des distillateurs ? Pourquoi acheter de préférence les marques inférieures ? Pourquoi ne songer qu'à payer la marchandise le moins cher possible pour gagner le plus possible ? Toujours le lucre ! Ils vendent les marchandises le double, le triple de ce qu'elles leur coûtent; la plupart des alcools et sirops débités sur le comptoir à dix, à quinze centimes, produisent un bénéfice net de cinq à six francs par litre. Ajoutez le vin.

A moins de s'adresser directement aux viticulteurs, et cela n'est possible qu'aux grandes maisons, les débitants ne trouvent chez les négociants spécialistes que des gros vins de coupage, déjà très mouillés, heureux lorsque ces vins ne péchent que par l'excès d'eau, lorsque le campêche, la fuchsine, une composition chimique quelconque, ne supplée pas au vin totalement absent ! D'une pièce qui revient de 110 à 130 francs (droits d'entrée compris), les débitants retirent d'abord 50 litres pour faire ce que l'on appelle « le vin à la bouteille », ils les remplacent ensuite par autant d'eau, et c'est ce mélange déjà travaillé ailleurs qu'ils servent à leurs clients en guise de vin. Peut-être ce vin n'est-il trop souvent qu'une mauvaise mixture délayée dans de l'eau, peut-être les verres ne contiennent-ils pas exactement la mesure, mais dans un coin du débit, haut placée sur le mur, une pancarte verte ne prévient-elle pas le client que le marchand de vin ne garantit ni le contenant, ni le contenu ?... Ah ! la bonne, l'excellente loi Griffe (1) !

Une pièce de vin renfermant 225 litres, et coûtant — prenons une bonne moyenne — 135 francs, tous frais compris, cela met le litre à 0,60 centimes ; le débitant le vend 0,70 à emporter, 0,80 à consommer sur place. Mais, au comptoir, débité au demi-septier, le litre rapporte 1 franc, au cinquième 1 fr. 05. Enfin, les 50 litres qu'on a eu le soin de retirer de la pièce en la mettant en perce fournissent 65 bouteilles de vin cacheté, vendues 1 franc pièce, ou 130 *petites filles* — demi-bouteilles — à 0,60 chaque. Résultat : un bénéfice approximatif de cent pour cent !

1. Depuis le 26 août 1894, une loi votée un mois auparavant par les Chambres, interdit aux débitants de vendre des vins mouillés, sous peine d'amende, de prison, de la perte des droits civiques et politiques.

(Je m'en tiens, bien entendu, au commerce *honnête*, sans aborder le chapitre des opérations équivoques, mais essentiellement productives auxquelles se livrent des marchands de vin appartenant à des *bandes noires* qui alimentent la place de Paris de nombreuses pièces de vin obtenues — par quels procédés ? — à des prix inouïs de bon marché, provenant soit de la province, soit même de Bercy).

Ainsi, prélevant un bénéfice de cent pour cent sur le vin, un bénéfice de deux et trois cents pour cent sur l'alcool, quels bénéfices les débitants ne doivent-ils point réaliser sur la classe ouvrière ! Sans nul doute, le métier, à parler bourgeoisement, est des meilleurs, puisqu'il apparaît si productif. Mais, en laissant de côté les inconvénients moraux qui s'attachent à la profession, il y a le crédit qui emporte une bonne part des bénéfices ; il y a les sociétés coopératives qui fournissent des milliers de ménages, les grandes épiceries avec leur bon marché exceptionnel ; et, s'ajoutant à toute cette concurrence qui accapare la vente au dehors, la concurrence des débitants eux-mêmes, dont le nombre est incalculable ; dans une rue nouvelle, ouverte depuis cinq ou six ans, en un quartier pas très populeux, j'ai compté jusqu'à vingt-cinq débits sur un parcours de 200 mètres de terrain non entièrement bâti !

En somme, que ce soit par la faute du débitant, agent transmetteur des vénéneuses boissons, commerçant obligé, devant l'éparpillement de sa clientèle vacillante ou décimée, de diminuer ses frais, d'acheter à meilleur compte — et plus mauvais ; que la responsabilité en pèse plus lourdement sur le fournisseur, négociant en vins ou distillateur, infailliblement coupable au premier chef de s'enrichir par des falsifications délétères, de bâtir sa fortune sur la corruption organique des masses, — le résultat est le même. Chez le petit, la crainte de la faillite, chez le gros, le pourchas au gain cela retombe toujours sur la même victime: l'ouvrier! Il est donc licite de se demander si les ravages de l'alcoolisme, loin d'être le seul effet d'un vice populaire, ne sont pas en premier lieu le fruit de la rapacité de quelques gros bourgeois.

CHAPITRE IV

GOUTS, TRAVERS ET OPINIONS

Causeur autant que rieur, l'ouvrier parisien s'oublie des heures entières à babiller pour le seul plaisir de bavarder. Si peu qu'on l'écoute, il n'arrête pas de parler, jamais fatigué, jamais à court de mots, employant une langue bien à lui, verte, gauloise, faite de ses jurons familiers, de l'argot du faubourg, le tout coloré des très expressifs termes techniques de son métier, appropriés aux choses en question. Comme disent les serruriers pour qualifier un de leurs camarades à la langue bien pendue : l'ouvrier, en général, a un joli coup de lime !

Agilement, il saute d'un sujet à l'autre avec la dextérité du plus exercé des rhéteurs. Tel, pressé de courir à son travail, entre en passant chez le marchand de vin, entame une conversation, la pousse, s'anime, interpelle chaque nouvel arrivant, et lorsque, ayant épuisé la patience du moins impatient des interlocuteurs, il se souvient enfin que son travail l'attend, le temps a mangé déjà près de la moitié de sa journée.

En quelques semaines, un débitant, s'il y tient, peut connaître — par eux-mêmes — les affaires intimes de tous les habitants du quartier. Non seulement le « potin » fleurit au faubourg avec autant d'intensité que dans les arrondissements les plus bourgeois, mais, en un élan de confiance qui dévoile la belle naïveté de son cœur toujours prêt à s'ouvrir aux siens, l'ouvrier raconte sans se gêner ses propres affaires de famille, ne cachant aucun vice, aucune tare, lancé en des histoires interminables que le placide commerçant doit entendre d'une oreille sympathique, sinon attentive.

Un confesseur social, c'est bien la caractéristique de ce « marchand de poison ». A lui on se confesse, à lui on demande conseil. Souvent, une discussion d'atelier se clôt par ces mots : « C'est mon *bistro* qui me l'a dit : il le sait bien, *lui !* » Sait-il tant de choses? Surtout il excelle à s'imposer aux ouvriers, entrant avec intérêt dans leur existence, inquiet de la santé de la *bourgeoise*, des progrès du *gosse*, plein de bonnes grâces pour tous, mais tolérant, sachant fermer les yeux à propos, au besoin capable de faire la bête, oh ! dignement, avec des demi-sourires, pour sauvegarder son prestige, car il ne faut pas qu'en sortant de son cabaret ses clients puissent dire de lui, comme ils le font de tout naïf accordant quelque créance à leurs histoires mensongères.

— En v'là une truffe ! *Il en bavait des ronds de chapeaux !...*

Tout voir, tout écouter, c'est le métier qui le veut, métier forcément indulgent aux sottises, aux banalités, aux superfluités qui se débitent dans les estaminets. Les hommes saouls sont le cauchemar. Si le vin ne les rend pas toujours mauvais, il délie leur langue à l'excès; des heures, des journées entières, accoudés au comptoir, doués d'une volubilité inlassable, ils parlent de tout et sur tout, jusqu'au moment où ils abordent le chapitre des confidences intimes, alors coléreux ou pleurnicheurs. D'aucuns, ayant bu, se montrent d'une aimable fantaisie, verveux, railleurs, ingénieux à amuser la galerie. A la suite d'un pari engagé en état d'ébriété, cinq de ces plaisantins se firent couper les cheveux de façons aussi diverses que bizarres : celui-ci en forme de croissant, cet autre en forme de cœur, le troisième en as de carreau, le quatrième en pleine lune, et le dernier, homme de cinquante ans et père de famille, apparut entièrement rasé et tonsuré comme un prêtre ; tous les cinq, décoiffés, s'agenouillaient au milieu de la rue, très sérieux, les bras étendus. Enfantillage ! bêtise ! oui. Mais cette bêtise ne dénote-t-elle point que l'ouvrier, à le bien prendre, quand il est sorti de l'atelier et débarrassé des soucis matériels, n'est qu'un grand enfant qui ne demande qu'à rire ?... *Panem et circenses !*

Un grand enfant éprouvé, accablé par la vie, et qui résiste, quand même. L'absinthe comme la misère, le chômage comme le surmenage, il n'est rien en effet que l'organisme de l'ouvrier parisien ne supporte avec une endurance qui déconcerte. Malgré tout, et dans son ensemble, la race reste saine, robuste quoique chétive, musclée, très nerveuse, si bien trempée que parmi ces hommes au visage émacié, au corps fatigué, il s'en trouve peu dont le poing ne soit redoutable, solide, frappant dur.

Forts, les ouvriers aiment la force, ils lui

gardent leur admiration, leur respect. Leurs entretiens s'agrémentent le plus souvent d'histoires de batailles et de rixes, des tours de force accomplis à la caserne ou à l'atelier, récits où il entre bien un peu de vantardise, comme il convient à la nature humaine, mais dont il faut se retenir de douter tout à fait, dans la crainte d'éprouver sur le champ la véracité de celui qui parle.

De quinze à trente ans, l'ouvrier recherche les pugilats, histoire de s'entretenir les muscles ! C'est principalement quand il est *secoué* (gris) que l'envie de se battre le démange. A jeun, sa bonté native le rendra plus pacifique ; querelleur par plaisir, il vociférera, il prodiguera les plus corsées des épithètes du vocabulaire faubourien, il échangera des giffles, des coups de poing, mais il attendra une occasion de se saouler pour vider les querelles sérieuses.

Loyal, pas méchant, en outre il est très généreux... Un maçon prend une voiture, se promené pendant une heure et demie, puis, en s'excusant de n'avoir pas davantage, il donne seulement vingt sous au cocher ; celui-ci maugrée, tempête, enfin, bon enfant, finit par accepter ; on prend un verre, on trinque ensemble, l'automédon regagne son siège, quand, soudain, l'autre l'insulte :

— T'es pas honteux de travailler à vil prix? Vingt sous ! T'as donc pas de cœur, canaille, pour trahir tes frères ?

Ahuri, furieux, le cocher lève la main, une bataille s'ensuit, les deux hommes roulent sur le trottoir, mais c'est le cocher qui est le plus fort, il tient son singulier client sous les genoux, il peut le frapper, l'abîmer, quand, s'arrêtant, il dit :

— Tu vois, je pourrais te faire mal, tu le mériterais, car tu t'es salement conduit. Mais je ne t'en veux pas, t'as bu un coup de trop ! Lève-toi et faisons la paix.

Des paix ainsi offertes à main armée, il s'en accepte tous les jours, dans l'atelier comme chez le marchand de vin. A moins qué les femmes, plus vindicatives, n'excitent les adversaires, une « chopine » suffit à les sceller, et c'est encore le débitant qui y gagne, comme il profite de toutes les occasions de dépenses que l'ouvrier se crée au cours de son labeur.

Dépenser est plus tentant qu'économiser, et le nombre est minime des familles ouvrières qui réussissent à placer quelques sous à la Caisse d'épargne... ou ailleurs. La main toujours à la poche, « cassant » avec entrain ses pièces d'or ou d'argent, trop heureux d'oublier un moment les privations de sa pénible existence, l'ouvrier pense rarement au lendemain. Tant qu'il a de l'argent, il ne se refuse rien, il s'amuse, il vit bien.

Au contraire des ouvriers étrangers, qui, plus gourmands quant aux boissons, sont plus sobres pour leur nourriture, mangeant tout juste le strict nécessaire, des mets solides et à bon marché, le faubourien, dans un grand souci bien naturel de sa santé, se soigne, recherche la bonne cuisine, mangeant s'il le peut de la viande à tous les repas; le menu communément est à peu près celui-ci : à onze heures ou midi, un potage, du bœuf ou le plat de viande du jour, un légume, un morceau de fromage, une « chopine » et du café — en tout, une trentaine de sous; mais, le soir, la moitié de cela suffit.

L'ouvrier célibataire arrive facilement à joindre les deux bouts : sa chambre d'hôtel ne lui coûte que douze ou quinze francs par mois, vingt au plus; sa nourriture, 2 fr. 50 par jour; avec le reste, déduction faite des dimanches et des chômages imprévus, il pourvoit à son entretien et à ses plaisirs.

Marié, l'existence est plus dure, mais la femme s'emploie de son côté, on « bouzille » un peu, le mari travaille douze et treize heures par jour, et l'on s'arrange tout de même pour que les enfants ne manquent de rien.

Vivant bien, durant qu'il en a le moyen,

sans économies — à vrai dire, le chômage et la maladie ne lui en facilitent guère l'essai — l'ouvrier semble assez insouciant de l'avenir. Les bras sont solides, le coffre (la poitrine) est bon, bah ! il mourra avant de ne pouvoir plus travailler... Car c'est toujours et uniquement sur le travail qu'il compte. Ses rêves les plus étendus n'imaginent pas un état de société d'où le travail puisse être banni. Ses parents travaillaient, lui, il suit leur exemple depuis sa douzième année, pourquoi cela changerait-il ?

Cette résignation est le fond de sa pensée. Il se garde bien de l'avouer, il serait désolé de paraître soumis à la force brutale des choses, si discipliné qu'il soit à la souffrance, et il raille, il menace, il parle de révoltes prochaines, du « grand jour » à venir. Au fond, souvent il songe davantage à ce que lui rapportera sa quinzaine, et il partage presque l'avis de ces anciens qui, la pipe à la bouche, les lèvres pincées d'un sourire malicieux, le chef branlant, refusent d'écouter tout autre raisonnement que le leur :

— Mes enfants! disent-ils, c'est très bien, la société future; mais, si j'ai faim, qui me fera mon pain, sinon le boulanger? Si j'ai besoin de marcher, qui me chaussera, sinon le cordonnier? Et si, cordonnier et boulanger, il leur faut de la viande, qui leur en fournira, sinon moi, qui suis boucher?... Et vous voyez bien qu'on ne pourra s'empêcher de travailler... par nécessité!

La majorité pense et raisonne ainsi. Le gros bon sens à fleur de peau la touche plus que les discours à base scientifique et égalitaire. L'éducation socialiste est lente à se faire. Le mot *socialisme* lui-même est-il compris autrement que d'une poignée d'ouvriers intelligemment appliqués à se rendre compte du sens des mots avant que d'en qualifier les choses?

Cet esprit terre à terre serait encore la

meilleure corde à faire vibrer pour qui éprouverait le besoin de défendre devant des ouvriers l'idée de patrie et l'idée de religion. Au surplus, sont-ils si *impies*, sont-ils si *sans patrie* qu'on le croit?... Ils n'aiment pas les *ratichons* (curés), oh ! cela, non ; sur leur passage ils goguenarderont, ils les goailleront, mais ils se marieront à l'église, ils feront baptiser leurs enfants, et le jour de leur première communion, ce sera grande fête au logis, car ce que femme veut, l'ouvrier le veut, et comme leurs femmes demeurent, en dépit de tout, catholiques ferventes, sinon pratiquantes, ils respectent leurs croyances, ils s'abstiennent en leur présence d'attaquer la religion, à moins que ce ne soit par taquinerie. Quitte, il est vrai, à se rattraper entre camarades pour faire de l'esprit :

— Nous voilà bien avancés, parce que ce *ratichon* nous a envoyé de l'eau au milieu de la *fiole* avec son *truc à poils!*

L'incroyance absolue, l'impiété raisonnée et intolérante n'est que le fait d'une minorité. De même pour la doctrine de l'internationalisme. Dans la très grande majorité des ouvriers, l'école du régiment maintient le culte de la patrie. Quand les conscrits tirent au sort, tout le faubourg est en réjouissance. On parle de l'évènement des mois à l'avance, on s'y prépare des semaines, en se promettant pour ce jour-là plaisir et bombance. Bonne journée pour les marchands de vin !... En permission, le faubourien est fier de se montrer en tenue militaire, ce qui ne l'empêche pas de s'écrier : « Ah ! le cochon de métier ». Oui, ils détestent « les galonnés », ils se plaignent de la discipline, ils condamnent l'obéissance passive, ils soupirent après leur libération, mais, rentrés dans la vie civile, ils oublient corvées et punitions, pour ne se souvenir que des histoires de chambrée, des manœuvres, des marches du régiment, transformant les incidents de la vie de caserne en actions héroïques par lesquelles ils s'en font accroire entre camarades.

Militarisme... patriotisme! Aux souvenirs du régiment vient s'ajouter notre orgueilleux amour-propre national, la haine des ouvriers étrangers, si bien que dans le cœur des ouvriers, d'ailleurs remué par l'espoir flatteur des revanches promises, subsiste, profonde et vivace, l'idée de patrie, même chez les *socialistes internationalistes...*

Elle n'est pas près de sonner, l'heure de la fin du chauvinisme!...

CHAPITRE V

CHANTS ET PLAISIRS.

Au retour du travail, la semaine finie, l'ouvrier n'aime rien mieux que le chant. Ce lui est un divertissement de choix. On le peut constater aux carrefours, devant ces centaines de travailleurs qui s'arrêtent, bouche bée, autour de chanteurs ambulants dont ils apprennent les couplets à la mode dans les cafés concerts, à qui l'apprenti, la jeune ouvrière, achète, sous forme de romance à la guimauve, pour deux sous de sentiment (1).

(1) Voici, d'après une curieuse étude sur « la chanson de rue » tout récemment parue dans un grand journal parisien, la nomenclature des derniers « succès » depuis trois ou quatre ans, avec leur tirage : *Brunes et Blondes* (150,000), *la Valse des bas noirs* (100,000). *l'Au-*

Le samedi et le dimanche soir, tout débit du faubourg où l'homme de loisir a la faculté d'entendre chanter, « d'en pousser une » lui-même, ne désemplit pas. On vient en famille, on s'amuse en chœur, chacun dit « la sienne » dans un silence complet. Si la voix est bonne, bien timbrée, plaisante, tant mieux ! ce n'est que double plaisir ; si elle est inexpérimentée, désagréable, fausse, et c'est généralement le cas, malheur à qui en rirait ! on lui ferait un mauvais parti. Chantez bien, chantez mal, n'importe ! on vous applaudit ferme, et à chaque fois revient, avec une désespérante monotomie, la phrase

bade à la lune (100,000), les Matelots (150,000). Un des premiers gros succès a été l'Amant d'Amanda. Nous voyons encore Carmen (rien de Bizet), le Biniou, le Portrait de Mireille, le Vin d'amour, Quand nous avions vingt ans, Tu peux partir, les Blés d'or, les Commis Voyageurs, Il est en or, le Petit Pinson Violetta, etc. Tous ces tirages oscillent entre cent et deux cent mille exemplaires, à dix centimes chaque consacrée pour exciter les applaudissements trop tièdes.

— Messieurs ! n'oublions pas que c'est pour un ami !

Alternant avec cet autre cri :

— Silence ! messieurs, c'est pour une dame.

Le répertoire de l'ouvrier est un composé de gaudrioles, de chants patriotiques, de romances sentimentales : un véritable programme de café-concert, plus lesté de grivoiseries, plus chargé de tendresses. La chansonnette comique naturellement obtient du succès, moins pourtant que les couplets patriotiques. Tour à tour, on entend les *Rameaux* de Faure, — apanage des peintres en bâtiment ! — des morceaux d'opérettes en vogue, des chansons révolutionnaires fortement applaudies. Et Béranger ! Le peuple l'adore. Pas une seule des soirées auxquelles j'ai assisté ne s'est écoulée sans qu'il ait été mis à contribution. Je ne dis pas que parmi ses chansons ce soit les plus délicates que lui emprunte le faubourg, ni qu'il en goûte complètement la finesse, mais il en aime la franche gaillardise, il s'en réjouit de bon cœur, et c'est d'un œil malicieux, le visage épanoui, la voix forte, que les ouvriers entonnent ensemble les refrains du chansonnier populaire — j'ai vérifié la justesse de l'expression.

Un jour, faisant une conférence sur Béranger, M. Francisque Sarcey se désolait de ne pouvoir en réciter maints couplets égrillards devant ses auditrices. L'ouvrier y met moins de façons, et, cela réjouirait fort le critique du *Temps*, les chansons qu'il connaît le mieux sont celles-là même que M. Sarcey affectionne tout particulièrement, notamment ce *Cabaret de la Mère Grégoire*, quelque peu polisson :

> C'était de mon temps
> Que vivait la Mère Grégoire.
> J'allais à vingt ans
> Dans son cabaret rire et boire.

> Elle attirait les gens
> Par ses airs engageants.
> Ah ! comme on entrait
> Boire à son cabaret.

Nos chanteurs du faubourg ne se contentent pas, hélas ! de Béranger. Si on les laissait faire, quelques-uns débiteraient gaillardement les couplets les plus orduriers. Il faut leur imposer silence. J'en connus un dans ce goût-là, d'ailleurs d'une voix charmante, qui s'était farci la mémoire de productions pornographiques. J'eus toutes les peines du monde à le convaincre qu'il eût à laisser une partie de son répertoire chez lui. Ma clientèle s'était plainte, et, dame ! pour un mastroquet, les goûts de la clientèle sont les siens. Mon chanteur se rendit à cette raison. Comme il avait, avec ses prédilections pour la pornographie, assez d'esprit, il ne demanda plus la parole (oh ! cela est réglé : chacun chante à son tour) que pour dire les romances les plus molles, les plus sucrées, avec un air de *sainte-n'y-touche* du plus amusant effet ; puis, quand il avait fini :

— Vous êtes content de moi, hein? patron. Elle était *couverte* (gazée), celle-là. La vertu de ces dames ne s'est pas offusquée?...

« Ces dames » riaient au fond, prenant tout en bonne part, lançant aussi leur chansonnette, accompagnant les hommes au refrain, applaudissant fort, même lorsque quelque ancien disciplinaire faisait entendre le chant d'adieu familier aux compagnies de discipline :

Adieu, belle Calédonie.

. . . .

J'ai dit les vigoureuses marques d'approbation qui suivent les chants révolutionnaires. Ce fut pendant la nuit du 1ᵉʳ janvier que je constatai le mieux cette préférence. C'est une des rares circonstances où les cabaretiers ont de droit la permission de la nuit. Pendant vingt-quatre heures, la police se montre plus tolérante envers eux, elle écoute moins aux portes, on est à peu près libre de chanter ce que l'on veut. « Nous ne tolérons pas de couplets politiques chez un marchand de vin »! m'avait déclaré, sur un ton de maître, le commissaire de police dont j'ai parlé en un chapitre précédent. Bah! que risquais-je? Cette nuit-là, je laissai donc toute liberté à ma clientèle, au moins en ce qui concernait la politique ! Elle en profita : chants socialistes, chants anarchistes, tout le répertoire révolutionnaire y passa, à la joie de tous. Je note qu'il y avait là une cinquantaine de personnes, hommes et femmes, ignorant leurs opinions réciproques, par conséquent sans entente. Au milieu d'un tonnerre d'applaudissements une voix avait chanté :

> Pendant qu'on danse au palais de Versailles,
> Au poids de l'or, peuple, on te vend le pain.
> Sautez, marquis! pendant que la canaille
> Dans les faubourgs pleure et crève de faim

Cela avait suffi pour réveiller l'instinct révolutionnaire. C'était à qui dirait les chants les plus violents, scandés, par moments, du refrain de la *Carmagnole*.

> Dansons la Carmagnole,
> Vive le son ! vive le son !
> Dansons la Carmagnole,
> Vive le son du canon ?

Cela dura de dix heures du soir à six heures du matin : pas une seule fois la *Marseillaise* ne fut demandée, personne ne songea à la chanter ! En revanche, quelqu'un déclama une Marseillaise socialiste, un autre lança des couplets, qui, si les nouvelles lois de sûreté générale avaient alors existé, l'auraient envoyé au bagne... et moi avec ! Entr'autres choses, je crois bien qu'on y recommandait l'emploi de la dynamite... Or, il n'y eut pas un cri de protestation, pas un applaudissement de moins. Cela se passait vingt jours après l'attentat de Vaillant.

Deux semaines plus tard, je demandai une permission au commissariat de police : elle m'était péremptoirement refusée !...

. . . .

Quelques camarades avec qui chanter, deux ou trois verres de vin, du tabac — sans sa cigarette, l'ouvrier parisien est très malheureux, c'est l'ordinaire divertissement du faubourien. Il joue peu, de temps en temps une partie de cartes, de dames ou de billard. Une fois l'an on mène les enfants au cirque ; on envoie la femme et les fillettes au théâtre, un théâtre de drame. Ce sont là à peu près les seuls plaisirs extérieurs, avec une promenade dominicale dans Paris ou dans la banlieue, histoire d'aller prendre une *tasse d'air*, — une station de curiosité et d'éclats de rire le long des champs de foire et des boulevards, dans les baraques aux parades merveilleuses, sur les chevaux de bois propices aux gaies entreprises des jeunes gens. Ajoutons les feux d'artifice, les retraites aux flambeaux, toutes réjouissances publiques que le peuple aime pour elles-mêmes, sans se soucier de l'évènement politique qui les lui vaut, et où il se rend par simple plaisir, par curiosité — comme il va aux grands enterrements, le plus souvent sans le moindre sentiment de regret pour le personnage que l'on enterre.

Bruyants, batailleurs, taquins, les jeunes gens ont les mêmes goûts que leurs parents. Comme l'âge le veut, les plaisirs diffèrent un peu. Ils fréquentent de façon plus suivie les marchands de vin, surtout les bals, les cafés-concerts, jusqu'à ce qu'ils se mettent en ménage, ce qui leur arrive de bonne heure.

On sait que les fêtes de corps d'état sont tombées en désuétude. Sauf la corporation des jardiniers, une ou deux autres, lesquelles fêtent leur « patron »? Il y a bien quelques associations... officieuses, qui cherchent à ressusciter les vieilles coutumes sous le patronage de l'administration, mais elles réunissent à peine deux ou trois cents ouvriers. Il n'est plus qu'un vestige, à Paris, de ces fêtes de métier ou d'atelier, c'est le *Quand est-ce ?*

Quand « l'embauche » a clos le chômage, que les ateliers se remplissent, va-t-on se remettre au travail comme cela, tout de go, sans fêter les nouveaux ?... A d'autres ! Et, un peu partout, s'élève le même cri : « Quand est-ce » ? Du matin au soir, à chaque fois qu'apparaît un camarade nouvellement entré à l'atelier, l'un des anciens, d'une voix tour à tour aiguë ou traînante, l'accueille par l'inévitable question. Ou bien, sur son passage, on laisse tomber un outil spécial, différent dans chaque métier, et le bruit de cette chute, comme l'apostrophe de tout à l'heure, rappelle à l'embauché que les frères de l'atelier attendent qu'il leur paie sa bienvenue. N'a-t-il pas d'argent ?...

La belle affaire! On répondra pour lui chez le *bistro* où l'on déjeune tous les jours. Il faut qu'il s'exécute, et dans la huitaine !. sinon le loustic de la bande ne se gênerait pas pour le houspiller : « Eh ! camarade, tu ne fais pas ton quand est-ce ? T'es rien *mosche !* »

Autrefois le « quand est-ce » réunissait autour de la même table tous les ouvriers d'un même atelier. Mais l'indifférence s'est glissée parmi les travailleurs, l'égoïsme a creusé de profondes divisions, — l'argent s'est fait rare ! Dès lors, le « quand est-ce » est devenu plus modeste : maintenant, seuls sont invités dans l'atelier les camarades de la *partie*, soit une huitaine, une douzaine au plus. Il y a encore dix ans, c'était une fête d'importance ; il était tout au moins de tradition que l'embauché offrît une gibelotte. Les temps sont durs ! La fête ne consiste plus qu'à boire, à l'atelier ou à l'estaminet, une demi-douzaine de litres de vin, tout en chantant quelques refrains ; cérémonie qui se reproduit quand un ouvrier quitte l'atelier : ce sont alors les camarades qui lui paient « la conduite ».

Pauvre « quand est-ce » ! Joie des ateliers, profit des cabaretiers, chaque jour jette sur lui l'oubli : bientôt, il disparaîtra tout-à-fait, à moins que les compagnons du bâtiment n'en maintiennent la tradition, par respect pour la légende qui les dépeint si gais, si boute-en-train, ce qu'ils sont d'ailleurs à en croire la chanson :

> Car pour ri, pour rigoler,
> Carrément, carrément, carrément,
> Y a que, y a que,
> Les compagnons du bâtiment !

CHAPITRE VI

LA MISÈRE.

La vie ne se passe pas à chanter. Il faut manger : inéluctable nécessité qui domine tout autre sentiment.

On a tellement répété, si souvent écrit, que la lutte pour la vie emporte avec elle des droits imprescriptibles, qu'il n'est plus aucun ouvrier qui ne soit pénétré de cette vérité. Vainement s'efforcerait-on d'atténuer chez les humbles la portée terrible de ce *struggle for life* dont la société contemporaine, en maintes circonstances, a si complètement absous les impérieux effets. Vainement, pour endiguer les passions de la masse, qui s'ébranle, inquiète et affamée, *quærens quem devoret*, agiterait-on devant ses hordes de crève-la-faim le code suranné des Devoirs de l'homme. Il n'est plus temps! Les conventions sociales viennent échouer aux pieds du travailleur : il a trop appris à en connaître l'hypocrite règle. Et plus rien ne soutient les préjugés sur lesquels, longtemps, reposa la puissance des classes dirigeantes, car il est tombé ! le voile menteur dont elles drapaient leur attitude soi-disant providentielle. Maintenant, le faubourg sait et voit, revenu des leurres, des illusions, et si désenchanté! tant l'esprit de discussion a fait, là aussi, son œuvre, — répandu par les journaux, distillé par la parole, alimenté par les scandales financiers, enhardi par l'affaissement des consciences officielles, — la publicité incessante des actes de chacun entraînant chaque jour des doutes, des critiques, des comparaisons d'une logique dissolvante.

Trop de misère active le désenchantement des foules pour que ne soit point entamée à la longue sa résignation !

Quoiqu'il se plaigne, des duretés de sa tâche, l'ouvrier aime le travail : ce lui est une nécessité morale autant que physique et matérielle. L'oisiveté l'énerve et l'ennuie. Combien en ai-je vu, tout désorientés, embarrassés de leurs mains inoccupées, regretter, par amour du travail, l'atelier d'où le chômage les tenait éloignés ! Cela allait bien une semaine, on se promenait, on visitait les camarades, puis le temps paraissait long, les mains s'engourdissaient... il leur manquait les outils coutumiers. Et quand le travail reprenait, c'était une joie débordante, un contentement de pouvoir s'occuper, enfin !

Mais, aimer le travail, cela suffit-il, quand l'atelier est fermé, pour donner du pain aux enfants ? Il y a bien des désespoirs, des suicides, des lâchetés... Ce n'est pas la masse qu'ils atteignent : forte et vigoureuse, elle est pleine de confiance dans le lendemain, de confiance en *elle-même.* Comment résiste-t-elle à la misère les longs mois de l'hiver ?

On commence par manger les fruits de l'épargne... Puis, lorsque la femme travaille, cela va encore, on se serre le ventre, on boit de l'eau, on mange du pain sec, on obtient un peu de crédit à droite et à gauche, chez le boulanger, chez le *bougnat* (charbonnier). Si le chômage s'éternise, on porte au Mont-de-piété tout ce que l'on a, les pauvres petits bijoux, la literie, les hardes, on engage les reconnaissances, avec quelle tristesse, avec quel regard désolé pour ces papiers qui représentent toute la fortune du ménage !...

Et l'homme cherche !

Solide, débrouillard, il va sur les quais décharger des bateaux, dans les gares aider au service des bouillottes ; partout où il trouve de l'embauche, il se fait manœuvre, il accepte toutes les besognes, gagnant, quand la chance le suit, de deux à quatre

francs par jour... pour nourrir toute une
famille. — Celui-ci, doué d'une belle plume,
pour quelques sous fabrique des cartes de
visite à la main : cet autre, ancien clairon
de régiment, s'engage dans un orchestre de
foire. — Trois frères, excellents ouvriers,
se faisant chacun des journées de quinze
francs dans leur partie, ne craignirent pas,
étant d'une force musculaire peu commune,
de passer le caleçon des hercules, et, ainsi
travestis, d'aller, durant le chômage, gagner
leur vie sur les places publiques.

Enfin, tous se tiennent à l'affût des travaux les plus improbables, tâtant, s'ils le peuvent, du métier de camelot.

Mais deux cent mille ouvriers sans travail (1), dans la même ville, ne peuvent pas se transformer tous, du jour au lendemain, en hercules de foire, en musiciens ambu-

1. Chiffre *officiel* des ouvriers sans travail à Paris, au mois de janvier 1894.

lants, en manœuvres, en camelots, — professions qui demandent une ingéniosité ou une musculature spéciales... et une concurrence limitée. La grande majorité doit donc se croiser les bras, s'endetter et attendre. Or, comme l'attente est proportionnée au chômage, lequel dure annuellement cinq mois (1), ce sont cinq longs mois à rester les bras croisés, minés par le froid, tiraillés par la faim, maudissant la misère, maudissant les patrons, glissant à une haine mauvaise conseillère, la haine de celui qui a — alors que tant d'autres n'ont pas.

On ne croit plus à la véracité des mendiants qui se disent ouvriers sans travail. Leur rencontre met de méchante humeur, on bougonne; on refuse le sou imploré : « Ouvrier sans travail !... Je la connais, celle-là !... Un paresseux, un vagabond... Et puis, s'il fallait donner à tous ceux qui demandent » !

1. Voir le chapitre des salaires.

« Ceux qui demandent » ne sont pas toujours des paresseux, des vagabonds. A côté des professionnels de la mendicité, il y a les mendiants improvisés, descendus à la mendicité par le chômage... Tel fut le sort de certaine famille réduite par la cessation du travail à crever de faim. Après s'être rationnés jusqu'à l'extrême limite, après s'être privés du plus strict nécessaire, les parents, un matin, se réveillèrent sans un sou, sans la moindre miette de pain à donner à leurs enfants. Résolument :

— Habille-toi ! fit le père. Habille les gosses !

Hagarde, la femme le fixait, l'interrogeait anxieusement des yeux.

— Rassure-toi ! ma bourgeoise, c'est pas de mourir qu'il s'agit, c'est de manger.

Les trois gosses et la mère apprêtés, la famille quitte le logis misérable, descend dans la rue, se met en marche. Bientôt, avisant une grande maison de rapport, le père entraîne tout son monde, passe la porte cochère, pénètre dans la cour :

— Allons ! ma vieille, fait-il en masquant son émotion dans un demi-sourire, pousse-leur tes romances. Va donc ! les enfants ont faim...

Rouge de honte, la voix étranglée, la femme enfin se décide.

— Eh ! les loqueteux, on ne chante pas ici, faut déguerpir.

Les yeux de l'ouvrier brillent de colère, il esquisse un geste menaçant contre le concierge qui, si brutalement, lui vient enlever son dernier espoir :

— Tu as mangé, toi ?... Alors, tu n'as le droit de rien dire. Rentre dans ta loge ou je te fais ton affaire. Chante, ma vieille ! Toi, pipelet, méfie-toi : je t'ai à l'œil !

Vaguement, la femme chante ; des fenêtres s'ouvrent, on jette quelques sous. Une autre cour, une autre encore. Ainsi, pendant deux jours. Au troisième, la mère dit : « Je ne puis plus ! » Et elle s'alita. Lui mendia tout seul... Ce n'est pas la faute de la vie, si trop souvent elle ressemble à un mélodrame !

Quand les enfants crient : « Papa, j'ai faim ! » il n'y a plus d'amour-propre. Mais quel autre sentiment subsiste ?

...' De temps en temps, au cabaret, des malheureux se présentaient, la mine hâve, le ventre creux, la poche vide : « Je n'ai pas mangé depuis quarante-huit heures, je cherche du travail, je ne trouve rien ! » Les pauvres diables avalaient tout ce qu'on leur donnait. Quand ils s'en étaient allés, bien réconfortés, un peu de chaleur au ventre, un peu de joie au cœur, les ouvriers qui étaient là se lamentaient, accusaient la dureté des temps, poussaient des cris de révolte.

Cette réprobation, un jour, fut jetée : « On ne mendie pas ! »

Il y eut des colères, des menaces, et soudain l'un des plus âgés, s'adressant à celui qui avait parlé, fit cet aveu, le regard farouche :

— On ne mendie pas, dis-tu?... Moi, j'ai volé ! C'était en plein hiver. Ma femme venait d'accoucher pour la sixième fois ; les enfants maigrissaient ; nous n'avions plus rien, plus de secours à attendre, aucune espérance. Sans travail depuis deux mois, partout repoussé, ayant usé tout crédit, c'était la misère noire. Moi, j'aurais attendu. Mais les enfants ? Ils pleuraient, les pauvres petits, et, solide comme j'étais, travailleur, honnête, je les aurais laissés mourir de faim? Allons donc! J'allai dans les environs de Paris, à vingt kilomètres, j'avisai le propriétaire d'un grand parc, je lui demandai la permission de couper quelques branches de mahonia... il refusa ! La nuit, je revins, je coupai autant de branches que je pus, j'envoyai le tout aux Halles... C'était un vol, oui ! mais mes enfants avaient de quoi manger.

Cet homme, qui s'accusait publiquement, sans regret, sans forfanterie, jouit de l'estime de ses patrons : il travaille treize heures par jour, il est chef de famille modèle autant qu'ouvrier appliqué, incapable de méchanceté, et il rapporte toutes ses quinzaines à la maison...

J'ai reçu d'autres confidences similaires, venant de travailleurs connus pour leur amour de l'atelier, hommes *honnêtes :* tous m'assuraient n'avoir cédé qu'à la Faim.

D'autres ne peuvent pas. Ils donneront un mauvais coup, ils frapperont, ils tueront leur semblable, mais prendre ce qui ne leur appartient pas... non! ils ont beau se raisonner, essayer de se convaincre, impossible ! Voler, disent-ils, est toujours voler, et c'est cela qui est plus fort que leur volonté !...

N'importe ! l'exemple est donné, l'excuse est prête, la notion de l'honnêteté, jusqu'ici plus puissante que la poussée des appétits, devient pour quelques-uns un objet de mépris et de ricanement. Transformation curieuse à observer chez les nouvelles générations ! Les vieux se lamentent, ils hochent la tête, parfois ils ont la complaisance d'approuver les menaçantes théories des jeunes, mais le soir, rendus à leur solitude, le mari dit à sa femme :

— Tout ça, c'est des mots ! Y a que le travail de vrai : c'est plus sûr et plus propre.

Au cabaret, les fils, beaucoup par vantardise... un peu parce qu'ils le pensent, diront :

— De quoi ? Se faire passer le goût du pain parce qu'on n'a plus une thune dans sa profonde ?... J'suis pas assez gourde ! Plus souvent que j'irai me laisser tirer de chez moi les deux pieds en avant par la mistoufle ! Y a encore des boules de son chez le mitron et du pognon chez Rothschild !

Et, dans les rires approbateurs, l'écho répond :

— Pour sûr !

CHAPITRE VII

LES ENFANTS ET LES FEMMES.

Dans ces pauvres logements haut perchés où s'agite tant de misère, filtre un rayon de soleil, éclate en fanfare joyeuse le rire des enfants. C'est la gaieté des faubourgs. Les marmots poussent vite, la famille s'étend, en beaucoup de ménages l'on compte dix, douze enfants, mais il est très rare — si le chômage forcé ne vient point engendrer les pensées mauvaises! — que les derniers soient reçus avec regret, avec colère. Plus lasse, plus courbée, la mère les porte avec autant de vaillance que les premiers, inquiète sans doute de cette nouvelle charge qui va grever le petit budget, car comment y subviendra-t-on?...

Le père, lui, est tout guilleret, tout fier de sa marmaille, aimant bien ses gosses, si content de parler d'eux! de les montrer :

— Patron! je vous amènerai mon Jules. Vous verrez ce qu'il est *bath*, ce gaillard-là; c'est qu'il court sur ses sept ans, et avec ses réflexions, *il m'en bouche un coin!*

Et il ne tarit pas d'en dire des merveilles, buvant du coup un verre de vin de plus, tant ses gamins lui mettent la joie au cœur. C'est qu'il les adore par-dessus tout! A peine jetés sur pattes, il les emmène le dimanche promener avec lui, dans l'orgueil souriant de sa paternité.

Ses enfants, son métier et son *singe*, quoi d'autre l'intéresserait?...

Certes, il est, au faubourg comme à la ville, il est des parents pour qui les enfants restent une gêne, un obstacle, un sujet de colères, un objet de haine. En ces quartiers misérables, les « faiseuses d'anges » se livrent à leurs opérations aussi souvent qu'ailleurs. Il est aussi des parents qui, les gosses venus, les aiment peu, les traitent mal. Toujours des injures, des coups, des privations. Et les préférences!...

Un gamin de quinze ans gagnait trois francs par jour. L'hiver venu, son patron fut surpris de le voir arriver à l'atelier, par les grosses pluies, par les épaisses tombées de neige, en un état de dénûment complet : sans chapeau ni souliers, sans chemise ni chaussettes, ainsi allait par tous les temps cet être malingre et chétif ; des espadrilles trouées, un pantalon d'été, un mince tricot de laine, voilà tout ce qu'il opposait aux averses, à la froidure.

— C'est de la folie! s'exclama son patron. Comment! tes parents et tes frères travaillent, tu vis chez eux, et, sur ce que tu gagnes, on ne prélève rien pour t'acheter des nippes un peu chaudes?

— On me prend tout mon argent !

— Est-ce pour manger?

— Non, c'est pour le donner à mes frères et à mes sœurs !

Pris de compassion, le patron — un brave homme ! — l'habilla des pieds à la tête. Huit jours après, même dénûment. Alors, l'enfant, sanglotant, de raconter comment sa mère l'avait, le dimanche, dépouillé de ses effets :

— Maintenant, elle exige que je lui paie ma journée du dimanche comme celle de la semaine, que je lui donne en outre chaque lundi trente sous pour être autorisé par elle à mettre les vêtements que vous m'avez achetés. Comment le pourrais-je faire, puisque je lui donne tout ce que je gagne ? Je ne peux pas voler, pourtant !

En d'autres familles, c'est à la fille que l'on en a. Jolie, belle, coquettement mise grâce au produit de son travail, la mère la prend en grippe, elle en devient jalouse, excitant ses fils contre elle, ne lui ménageant ni les sarcasme révoltants, ni les reproches injustifiés, dans l'oubli total de ses devoirs maternels :

— Quand on est si belle, on ne vit pas chez des ouvriers… Avec des yeux comme ça, on n'est pas digne de rester honnête… on fait la p…

Laissons ces crimes! Ils ne sauraient permettre d'oublier les sentiments de la majorité. A ne considérer que l'ensemble, l'amour de l'ouvrier pour ses enfants va jusqu'à la passion. Pour eux, il subit bien des affronts, il supporte bien des peines, il commet bien des faiblesses. Leur épargner les jours de misère par où lui-même a passé, les préparer à un métier plus élevé que le sien, au besoin essayer, à force de privations et de sacrifices, de leur donner une instruction qui leur facilite l'échange de la blouse paternelle contre la redingote bourgeoise, c'est une ambition à laquelle rarement échappe l'ouvrier intelligent. Parfois il la satisfait.

Appelé pour de menues réparations, un serrurier, voyant ma bibliothèque, tout en arrangeant une clef, non sans orgueil me dit :

— Ah! des livres. Mon fils en a autant que vous, Monsieur!

— Votre fils?

— Oui, Monsieur. Et des gros, allez!... Il est docteur en droit.

— Avocat?

Alors, avec un sourire méprisant, suivi d'un rayonnement de satisfaction :

— Oh! non... Dès qu'il sera agrégé, il entrera à la Faculté comme professeur!

Professeur! C'est bien cela : une position sûre, par quoi l'on devienne quelque chose dans la machine gouvernementale, avec des grades, des honneurs, et avant tout, et toujours, une position au bout de laquelle brille, en point final, ce triomphe : une retraite!... Aussi, combien, dans les familles qui sont dégoûtées de la casquette et du bourgeron, combien l'on épie les premiers mots, les premiers gestes de ces moutards!... Apprend-il? retient-il? est-il intelligent? Graves questions qui se posent bientôt dans toutes les maisons, à tous les étages, en tous les logis... et partout : « Fais voir au monsieur comme tu comptes bien!... Récite-lui tes fables!... Chante-lui ta chanson! » Et le petit garçon d'ânonner quelques bribes de ce pauvre La Fontaine, et la petite fille de bredouiller, les yeux dans les yeux de sa mère... Que bredouille-t-elle? que chante-t-elle? Oh! pas des cantiques : des couplets de chansons grivoises, ce que chante la mère, le père, des choses équivoques, grossières, salissantes : « Est-elle drôle? Oh! mon ange. » Et on la couvre de baisers. Pauvre « ange », dont les ailes s'embourbent, qui répète sans savoir, qui ne comprend pas... jusques à quand?... On s'étonne, on dit aux parents : « Comment! vous lui apprenez de pareilles choses ? » Ils

en rient : « A cet âge, est-ce que l'on sait?
est-ce qu'on connaît la différence du bien
et du mal ? » Et ils continuent de chanter
devant leurs enfants les productions du café-
concert, ils continuent de se disputer devant
eux à renfort de gros mots, ils continuent de
se jeter au visage toujours devant eux les
plus basses injures de la rue. Ils ne savent
pas !... Je songe à cette miniature de gar-
çonnet — deux ans et demi ! — qui, si drô-
lement, prouva à ses parents comme il s'en-
tendait très bien à établir la différence des
mots et des choses.

— Comprends-tu ça, maman Flore, s'é-
criait-il un jour, en rentrant de la rue, avec
un air étonné des plus amusants, le gamin
Pitou qui a *donné* un coup de poing dans
la *figure* à Zeorzes?

— Et qu'a fait mon petit Georges? interroge sa mère.

— Zeorzes a *fichu* un grand coup de
poing dans la *gueule (!)* au gamin Pitou!

Eh! oui, le mot est ravissant, il a son charme comme tant d'autres mots sortis de bouches enfantines, mais ce charme, plus tard, quand ces mêmes bouches répondront aux réprimandes maternelles par quelque insolente grossièreté, qui sait si la mère ne regrettera pas de l'avoir trop goûté ?... En attendant, elle s'y arrête, elle admire tout ce qui vient de ses enfants, et lorsque, montant en âge, ils trouvent près d'elle plus de sévérité, elle ne leur en reste pas moins adorablement dévouée, veillant sans cesse à ce qu'ils ne manquent de rien. En tout, ils passent avant elle, elle les habille, elle les chausse les premiers avec le peu d'argent qu'elle a, au risque d'aller elle-même en savates, pauvre sacrifiée qui met toute sa fierté à tenir sa petite famille bien propre, — et si attachée à *son* homme, *le mien!* comme elle dit si pittoresquement.

Les femmes du peuple, cela est indéniable, sont absolument dévouées à leurs maris.

Pourvu qu'il ne soit pas un alcoolique endurci, un dévoyé brouillé avec le travail, le mari peut compter sur sa femme en toutes circonstances et sur toutes choses. Quand il aura fait quelque frasque, tiré une bordée avec des camarades, elle le houspillera violemment, elle l'insultera, le brutalisera sans mesure, sans retenue — s'en vantant chez les commères : « Ce sale traînard ! Je lui ai f..tu une danse ! Il ne recommencera plus. Quelles canailles, ces hommes ! » Et il recommence, et elle lui pardonne, et « cette canaille d'homme » reste maître de son cœur, de son amour. S'il s'attarde au cabaret, elle le va chercher, fouillant tous les estaminets jusqu'à ce qu'elle l'ait trouvé, lui faisant les gros yeux, le forçant de la suivre, le moralisant comme un enfant — un enfant sur qui elle veille, jalousement. Entre ménagères, elle en dira pis que pendre, mais que personne autre n'y touche, que personne n'en médise : elle ne le permettrait pas. Et surtout qu'on ne lui cherche pas querelle, elle présente : pour lui, elle fera le coup de poing, tapera sur l'adversaire à bras raccourcis, se moquant du qu'en dira-t-on autant que des passants arrêtés à ricaner : « Regarde donc! La *poule* qui s'en mêle! » La poule a bien autre chose à faire que d'écouter : elle défend son coq, vaillamment.

Pourtant, et la contradiction est singulière, tout en aimant son mari, elle ne cherche pas à lui plaire. Le mariage consommé, les enfants venus au monde, plus de coquetterie ! Dès sa vingt-cinquième année, la ménagère se laisse aller, complètement. Que quelqu'une s'attife gentiment, qu'elle se coiffe avec recherche, soignant sa mise, poudrederizant son visage — la trentaine est loin, pourquoi ne serait-elle pas un brin coquette? — et les mauvaises langues aussitôt de lui prêter des amants. Il semble à ces esprits simples qu'une femme ne peut avoir l'intention de plaire sans vouloir tromper son mari : à vingt-cinq ans, on est une vieille femme, on n'a plus la faculté de sacrifier les devoirs du mariage aux droits de la jeunesse !

A tout prendre, comment nos faubouriennes auraient-elles le temps et le moyen d'être coquettes ?... La maternité les avachit, la famille réclame leurs soins incessants, le ménage les oblige à chaque instant de nettoyer, de frotter, de raccommoder, d'aller au lavoir public, de veiller à l'entretien du père, à la santé des enfants. Beaucoup travaillent — non point toutes chez des couturières, chez des modistes, en boutique ou dans les grands magasins, comme on paraît le croire en un certain monde où l'on ne parle de l'ouvrière parisienne que d'après les *trottins*, — mais à l'usine, en fabrique, dans des ateliers où elles s'emploient à des métiers qui les achèvent, dont elles reviennent épuisées, malades, plus soucieuses de se reposer que de plaire.

En ces fabriques, gagnent-elles au moins de quoi soigner les maladies qu'elles y contractent? Les statistiques affirment que la moyenne du salaire des femmes, à Paris, est de 3 francs par jour. Le vrai est que, dans la plupart des corps d'état, elles reçoivent exactement de 1 fr. 50 à 2 fr. 50 pour *douze* heures de travail. En prenant une moyenne de 2 francs pour une journée de *dix* heures, cela met leur travail à *quatre sous l'heure*... Une société, où il se trouve des milliers de mères de famille obligées de quitter leurs enfants pour aller s'épuiser à gagner quatre sous par heure, a-t-elle le droit de condamner l'esprit de révolte, en proclamant que tout est pour le mieux dans la meilleure des républiques?

Ce qu'il y a d'incompréhensible, c'est l'attitude de certaines catégories d'ouvriers à l'égard des ouvrières. Voici, par exemple, le syndicat professionnel des ouvriers typographes. Il fait défense à ses membres de travailler dans les imprimeries où l'on emploie des femmes. Il envoie aux journaux avancés (1) des délégués chargés de les mettre en demeure de ne s'y point faire imprimer. La cause en est que les femmes reçoivent un salaire inférieur au tarif fixé par les Chambres syndicales. En principe, les ouvriers ont raison; il est certain que, sans ces moyens de défense, les imprimeurs, trouvant un véritable bénéfice à n'employer que des femmes, en arriveraient vite à baisser le salaire des hommes. Mais n'est-ce point sur les ouvrières, en premier lieu, que retombent les mesures d'exclusion prises par les syndicats? Interdire leur admission dans les imprimeries ou le travail en commun avec elles, cela n'équivaut-il pas à les réduire au chômage forcé? Comme les hommes, les femmes n'ont-elles pas, avec

1. Le fait s'est notamment produit pour le journal, *La Révolution*.

le droit de vivre, le droit au travail? Et la fraternité bien entendue ne commande-t-elle pas de les défendre au lieu de les combattre, de les placer sous la protection des syndicats au lieu, parfois, de les en exclure?

Mieux vaudrait, certes! un état de société où ces questions de concurrence entre l'homme et la femme ne se poseraient pas. Le rôle naturel de la femme n'est point d'entreprendre sur les travaux masculins pour gagner sa vie. Apprentie ou ouvrière, son sort est le même: elle abandonne les soins et les joies de la famille pour laisser sa santé physique et morale à l'atelier, poussant, vivant là à côté du vice, soumise à ses tentations, bien heureuse lorsque les déceptions de l'amour rencontré en route, ou les découragements inévitables des heures de lassitude, ne l'enlèvent pas, quelque soir, aux misères du faubourg — la jetant au trottoir!

CHAPITRE VIII

DE L'AMOUR.

Les promiscuités de l'atelier, les camaraderies de la rue, le coudoiement, le frôlement des logis étroits, petits, se touchant les uns les autres, sans que nul bruit, nulle parole, échappe aux voisins, tout, chez les ouvriers, facilite l'éclosion de l'amour. Là, on s'aime naturellement. Le cœur amolli par les promesses ensorcelleuses de douceâtres romances, la jeune fille croit à l'existence du prince charmant, elle en rêve et l'attend — même lorsque, à côté d'elle, le prince charmant se révèle buveur, querelleur, batailleur —, et le premier qui s'offre à ses yeux sous ses couleurs séduisantes la trouve prête à roucouler avec lui l'éternel duo d'amour.

D'abord, des rougeurs, des pressions de main, de menues confidences, un demi aveu. Un beau jour, *lui* va l'attendre à la sortie de l'atelier : « Oh ! si papa le savait ! — Quel mal faisons-nous ? » Il revient le lendemain, puis tous les jours. Le matin, maintenant plus tôt apprêtée, le soir, impatiente de sa liberté, elle l'attend à un carrefour, et ensemble ils suivent le chemin du travail, sagement ! Mais il s'enhardit. Si l'on s'arrêtait à l'estaminet, oh ! pas longtemps, un tout petit quart d'heure, « pour prendre quelque chose » ? Refus, effroi. Mais cela serait si gentil, si doux, de rester là, tous deux, à causer de leurs petites affaires ?... Enfin, elle accède, un peu émue, s'imaginant que tout le monde va deviner son escapade, cachant son visage en un verre de sirop, bientôt bavardant, disant la vie de l'atelier, les aventures des camarades, le caractère de la patronne. Et tandis qu'à ce gazouillis ils s'amusent, le quart d'heure passe, la demi-heure. Vite ! vite ! On se presse, on court, pour la première fois il l'accompagne jusqu'à sa porte... Mais il l'aime, il n'a que de bonnes intentions, il veut l'épouser — et elle le présente à ses parents. Dès lors, ceux-ci, tout en accueillant le jeune homme, surveillent étroitement leur fille, inquiets des veilles d'atelier trop prolongées, des promenades trop longues : pourquoi « faire des bêtises » puisqu'il vont se marier ? Pendant quelques mois on économise, on prépare le trousseau ; la jeune fille veut absolument aller à l'église en robe blanche, avec un grand voile! La soie? le satin? c'est bien cher! Elle se contente d'une robe de mousseline, achetée, avec les accessoires de la toilette, dans quelque maison de crédit, payable à vingt sous, à quarante sous par semaine. Et la noce a lieu, gaie, animée, coupée de la traditionnelle promenade au bois de Boulogne ou de Vincennes, aux Buttes-Chaumont, terminée par un bal échevelé que précède la série des lazzis polissons, des chansons grivoises, où l'on a garde d'oublier les couplets qui raillent les infortunes des maris malheureux.

> Va, Gros-Jean, roule ta bosse,
> Ton crin-crin nous met tous en train.
> Il faut bien rire un jour de noce,
> Car on ne rit pas toujours le lendemain

Des fois, la jeune fille cède avant le mariage, soit que, pour diverses raisons, la cérémonie en soit trop retardée, soit que, les parents s'y opposant, elle veuille leur forcer la main, soit enfin que la séduction ou la passion dompte tous les conseils de la prudence. Ces cas sont fréquents.

Tout aussi fréquentes sont les unions libres, volontaires. Le mariage, se dit-on, entraîne à des dépenses élevées, il exige

des démarches, c'est tout une affaire ! Et
l'on se demande s'il est bien nécessaire de
passer devant monsieur le maire ?... Aujourd'hui, beaucoup de jeunes gens ne le pensent pas. Alors, quand une jeune fille s'entend avec un travailleur comme elle, elle ne
tarde pas à lui accorder ses faveurs, elle
songe au bonheur de la vie en commun, et
si son amant est un garçon honnête, tous
deux se décident à vivre désormais ensemble. Le jeune homme se rend chez ses futurs
« beaux-parents », il obtient leur consentement, et, au jour dit, la jeune femme porte
son paquet de vêtements dans sa chambre,
à lui — on s'en contentera pendant quelques mois ! — au besoin un repas de famille
consacre l'installation, et le ménage est
fondé ! Quand naissent les enfants, on les
reconnaît sans difficulté, quelquefois on en
profite pour régulariser la situation, mais
cela presse-t-il tant ? pourquoi de nouveaux
frais ? serait-on plus heureux ?... bah ! on

12

attendra. Dix, quinze ans se passent! Enfin, pour ne pas nuire à l'établissement de leurs enfants, quelques femmes décident enfin *leurs maris* à aller à la mairie, et l'union libre est légalisée, non sans réjouissances :

— Comme j'ai dansé à la noce de maman! s'exclamait ingénûment une jeune fille.

Le pli est pris. Les unions libres augmentent considérablement. Les ouvriers ne sont pas loin de considérer comme autant de ridicules préjugés les préceptes moraux opposés par la société au libre échange de l'amour. Moins retenus que leurs pères, plus sensibles aux poussées de l'instinct, ils ne croient pas que ce soit un si grand crime que de subir librement, en dehors de toute immixtion officielle, les lois de la nature, qu'ils placent au-dessus des lois humaines. Mais, très tolérants envers celles de leurs filles qui cèdent à la séduction, pourvu qu'elles continuent de travailler ou qu'elles vivent maritalement avec leur séducteur, ils n'ont que du mépris pour celles qui glissent à la débauche lucrative. Peut-être témoigneraient-ils quelque indulgence — sévèrement blâmée par leurs femmes — à celles qui *réussissent*, qui passent des boulevards extérieurs aux Champs-Élysées ; encore en donnent-ils cette raison mêlée de quelque philosophie sociale :

— A mal faire, autant que ce soit dans de bonnes conditions ! Et puis tout l'or qu'elles *leur* font dépenser, est-ce que ce n'est pas une restitution à la masse ?...

Les plus huppées de ces filles du peuple que le vice entretient osent rarement se montrer dans le faubourg qui les vit naître ou grandir. Elles y sont l'objet de quolibets méprisants, insultées sur leur passage, enviées de quelques-unes, détestées de toutes, ne parvenant à se faire recevoir dans leurs familles qu'en multipliant les gentillesses.

Facile à l'amour *honnêtement* pratiqué, se vouant aux unions libres parce que, à ses yeux, elles valent le mariage, le faubourg agit et juge en tout cela par instinct — en une totale insouciance de la morale. Mais, esclave des passions naturelles, il réprouve les passions contre nature, ennemi né des mœurs équivoques dont les classes dirigeantes paraissent contaminées. Pour les individus qu'il sait être adonnés aux vices honteux, il a une aversion absolue. Tandis que, au-dessus de lui, on pardonne aimablement, par un raffinement de volupté, aux amours les biens, l'ouvrier, soulevé de dégoût à l'idée de cette souillure, révolté par cette atteinte aux droits du mâle, montre du doigt les femmes qui s'y livrent, les répudie, les chasse. Il fait l'amour sainement, sans raffinement, sans perversion. Ses filles sont des passionnées, non des dépravées ; combien différentes en cela de ces jeunes filles de la bourgeoisie, déflorées avant que d'être dévirginisées, qui autorisent toutes les privautés... à condition toutefois qu'on leur laisse la seule chose dont la perte prématurée éloignerait par ses conséquences le mari attendu !

On ne prétend pas que toutes les faubouriennes restent fidèles à leurs maris : pas plus qu'il n'est le temple de la Tempérance, le faubourg n'est le temple de la Vertu. Largement, la passion y produit ses ravages. L'amour y éclate et s'y déroule avec la même indomptable fureur qu'on le voit exercer dans des milieux mieux avertis, mieux armés contre ses surprises. Partout, les sens ont les mêmes exigences, l'amour triomphe par les mêmes séductions, et ce n'est point parce qu'il est ouvrier qu'un homme a le pouvoir d'arrêter les folies de la bête humaine déchaînée. Lui aussi, il n'a qu'à courber la tête, lorsque intervient la Fatalité, avec ses embûches... et ses droits !

Ménages désunis, séparations de corps, divorces, non ! la classe ouvrière n'est pas plus à l'abri de ces accidents que la bourgeoisie... Telle malheureuse est abandonnée avec plusieurs enfants sur les bras : tel brave homme qui l'a recueillie subit à son tour le même sort, avec cette aggravation que les enfants de sa maîtresse, après avoir reçu de lui tous les soins nécessaires, ayant grandi sous son aile protectrice, le rejettent, le battent, lui enlèvent leur mère — son amour ! — ingrats, par égoïsme !

C'est la vie ! Triste vie ! qui, du haut en bas de l'échelle sociale, accomplit son œuvre, immuablement, partout dominatrice, partout implacable, ne laissant rien d'intact, rien de définitif, remuant le domaine des Idées, troublant le domaine des Faits, bouleversant à sa guise les mouvements du cœur humain, qu'il se cache sous de vulgaires lainages ou qu'il batte sous de riches étoffes, — la vie, maîtresse du monde, qui se rie des morales et des lois !

DEUXIÈME PARTIE

LE TRAVAIL

CHAPITRE PREMIER

LE MÉTIER ET LES PATRONS.

Êtes-vous jamais monté dans les trains d'ouvriers ?... Non point les trains qui, en temps de villégiature estivale, s'emplissent d'une foule de petits bourgeois, momentanément qualifiés d'ouvriers par des certificats complaisants sur la vue desquels les compagnies de chemins de fer leur délivrent, à la semaine, des cartes d'abonnement à bon marché. Mais les trains qui transportent d'un faubourg à l'autre les vrais travailleurs, chacun ayant sa trousse d'outils sur l'épaule?!.. A l'aller, le matin, les wagons restent silencieux. Les yeux sont lourds de sommeil, les visages renfrognés. Personne ne parle. Parfois des soupirs, des plaintes

sur l'éternel recommencement des choses :
« Encore une journée à tirer ! »... Le soir,
au retour, tout a changé. C'est un grand
remuement, une joie bruyante, toute une
série de farces, des appels, des cris, des
chants, cacophonie assourdissante qui exprime le même sentiment de délivrance çà
et là formulé à haute voix : « Encore une
de tirée ! Quel sale métier ! »...

Pourtant, parler de son métier, d'où lui
viennent tant de rancœurs, constitue l'un des
plus agréables passe-temps, de l'ouvrier.
Entrez au cabaret. Tel groupe, assis autour
de deux ou trois litres de vin, s'impose à
l'attention par la brusquerie des gestes, par
l'élévation des voix. S'y dispute-t-on ?
Non !... pas encore ! En effet, des éclats de
rire interrompent par instants la conversation, toute consacrée aux souvenirs d'atelier, — et si la discorde survient, si aux
rires succèdent les injures, c'est que nos
causeurs ne s'entendent plus sur les avan-

tages de leur métier, chacun voulant assurer au sien la prééminence sur celui de son voisin. Car son métier, si dur qu'il soit, l'ouvrier le préfère à tout autre. Cela est dans le sang. Aucun ouvrier ne reconnait un métier supérieur au sien. Peut-être y a-t-il là un peu de vanité, mais ne faut-il pas aussi supposer que les travailleurs sont réellement attachés à leur corporation respective ? Ceux de l'atelier se considèrent comme placés au-dessus des camarades du bâtiment qui, à leur tour, se jalousent entre eux. Maçons et charpentiers, peintres et plombiers, c'est à qui prouvera que « sa partie » est la plus difficile et la plus utile !

Cela rappelle à peu près la rivalité qui existe dans l'armée entre l'infanterie et la cavalerie.

De ce sentiment d'émulation sans raison apparente, découle-t-il un sérieux avantage de camaraderie entre les ouvriers d'un même métier ? Hélas ! non. Comme partout ailleurs, la lutte pour la vie a développé dans le faubourg des ferments d'indifférence et de jalousie. On plaint le camarade à qui malheur arrive, on se cotise pour lui porter secours (certains ateliers font une collecte à la fin de la quinzaine pour les camarades tombés malades); mais s'il s'agit de se solidariser dans l'atelier pour le soutenir contre le patron, l'égoïsme humain reparaît, et, en songeant à la femme, aux enfants, on courbe la tête, on laisse faire, n'ayant au fond qu'une seule crainte, c'est que demain le coup qui frappe aujourd'hui le voisin n'en vienne atteindre d'autres, soi-même...

J'ai souvent discuté cette question avec des ouvriers de différents métiers. Tous s'accordent à reconnaître qu'il leur est difficile de compter les uns sur les autres.

Dans une usine, le patron avise tel ouvrier que, par suite du mauvais état des affaires, il est forcé de diminuer son salaire. L'autre se gratte, murmure, discute, finalement

il accepte : « Allons ! tant pis, monsieur, on
fera pour le mieux. » Ses camarades, avec
des violences de gestes et de langage, lui
reprochent sa soumission. Le lendemain, le
patron fait une nouvelle tournée dans ses
ateliers, il diminue précisément ceux-là
mêmes qui hier traitaient l'autre de lâche,
et comme lui, l'oreille basse, bougonnant,
ils acceptent, avec une formule à peine va-
riée : « On tâchera de vous contenter, monsieur, en attendant que ça aille mieux. »

Parfois, des rages, des injures, un refus
énergique : « Eh bien, faites mon compte.
Je ne gâte pas le métier, moi ! »

Ceux-là, mieux préparés à la révolte, dès
longtemps se jurèrent de n'accepter aucune
diminution de salaire. Quand même, ils
tiennent les prix ; on ne les verra pas, même
poussés par la faim, s'embaucher à des
prix inférieurs aux tarifs. Si, par suite, le
métier menace de leur rester fermé plusieurs mois, ils font autre chose, ils tâtent

d'un autre métier, ils s'astreignent à un travail qui leur rapporte à peine de quoi vivre, plutôt que d'accepter, dans leur propre partie, un salaire au-dessous du taux normal. Je m'empresse de dire que ces cas sont trop isolés.

Et la trahison?

Un maître compagnon fait engager par pitié un camarade sans travail : celui-ci, pour le récompenser, cherche à le supplanter en s'insinuant dans les bonnes grâces du patron.— Un ouvrier spécialiste de premier ordre, travaillant depuis des années dans le même atelier, gagnant ses onze francs par jour, est mis brusquement à la porte, parce qu'un de ses camarades, entré sur sa présentation, a proposé au patron des prix d'un tiers inférieurs aux siens, ce qui réduit le prix de la journée à sept, à six francs.

Je pourrais citer vingt exemples !

A plusieurs reprises, des ouvriers m'ont dit :

— Si nous sommes malheureux, nous n'avons que ce que nous méritons. Nous, le nombre ! nous demeurons sans force devant la poignée d'hommes dont nous dépendons. La bourgeoisie peut dormir tranquille. Plus nous allons, plus nous nous divisons, nous nous jalousons. Ce n'est pas ainsi que l'on prépare une révolution !... Et un verre, patron !

Un éclat de rire ironique, un haussement d'épaules sceptique, accompagnait ces mots, où perçait mélancoliquement la résignation obligée des hommes qui se croient pour toujours condamnés à leur malheur présent.

Il est incontestable que, sans les syndicats professionnels, la résistance aux patrons n'aurait pas atteint le degré de solidité où nous la voyons aujourd'hui. Les syndicats ont accaparé toutes les forces, toutes les initiatives individuelles. Maintenant ils personnalisent la classe ouvrière, ils la tiennent en tutelle, donnant une cohésion considérable à ces milliers de volontés éparses qui vainement chercheraient à se reprendre : l'étau les serre, et le syndicat veille...

Au surplus, s'ils rencontrent encore, à Paris surtout, des esprits rebelles à leur sujétion, ou de faibles âmes éternellement soumises à qui leur distribue la manne quotidienne, les syndicats professionnels se trouvent singulièrement aidés dans leur tâche par l'action dominante des intérêts matériels. Pour l'ouvrier aussi, c'est le *pognon* qui passe avant tout ; il ne *masse* (1) qu'autant qu'il en a besoin et n'a nul souci d'être agréable aux patrons.

L'estime de ceux-ci n'importe plus qu'à quelques-uns, l'extrême minorité. Le patron, c'est l'ennemi, c'est le *singe*, dont on ne parle pas sans crainte, puisque de lui dépend l'existence, mais qu'on n'aime pas,

1. Travailler.

qu'on tourne en plaisanterie hors de l'atelier, dans la conviction que lui-même déteste ses ouvriers et ne cherche à prélever sur eux que le plus de bénéfices possibles : à égoïsme, égoïsme et demi !

« Mon singe ! » avec quel mépris ils prononcent ce mot, lorsque, vidant une *négresse* (1), ils se remémorent les exigences de l'un, la brutalité de l'autre ! La haine est profonde...

La haine est profonde, et, contradiction bien humaine, elle se laisse facilement entamer, elle s'éteint... pendant quelques heures, dès que le patron a pour ses ouvriers un mot de politesse, d'estime, dès qu'il reconnaît leurs qualités, qu'il les complimente d'un travail bien fait. Avec quelque affabilité, quelques marques de satisfaction, les patrons obtiendraient beaucoup des salariés. L'ouvrier à qui son patron adresse

1. Un litre.

une parole flatteuse, la répète chez lui, en tire gloire, ne l'oubliant jamais, la plaçant dans les grandes circonstances, par exemple lorsque, *étant bu* (1), il égrène le long chapelet de ses souvenirs ou de ses aventures :

— Faut pas me la faire, les camarades ! Pour ce travail, y en a pas deux comme moi dans Paris : c'est le *pètrousquin* (2) qui me l'a dit !

Et tous se redressent, se rengorgent, avec une pointe d'orgueil, si flattés quant ils peuvent ajouter :

— Depuis tant d'années, je travaille dans la même maison — une des premières de Paris ! — et jamais un mot de reproche ! Avale-ça, l'aristo ! Ça te la coupe, hein ?

Rien de plus répandu qu'un pareil sentiment de fierté, par quoi l'on voit bien que

1. Gris.
2. Patron.

les ouvriers sont susceptibles d'obéir à des sentiments plus élevés que les impulsions de l'instinct, et que beaucoup se leurrent qui les considèrent comme définitivement réduits à l'état de brutes.

— Vous verra-t-on demain?

— Ah! non, alors, mon gros père.

— Oh! oh! Que se passe-t-il de si extraordinaire?

— On s'en va en chœur manger une gibelotte et boire du *picolo* avec le pognon du singe : il marie sa gigolette. Mince de rigolade!

Quelques patrons ont en effet conservé cette vieille habitude d'inviter leurs ouvriers à l'occasion du mariage de leurs enfants ou de tout autre événement heureux pour leur famille. Il y a bien à l'atelier quelques « mauvaises têtes » comme disent les contre-maîtres, qui ne désarment pas, se moquent de cette invitation, s'efforcent d'empêcher les camarades de l'accepter. Mais, le jour venu, on les voit eux-mêmes arriver endimanchés, ayant laissé avec leurs effets de travail les rancunes de la veille, prêts à prendre leur part de la joie commune. Si on les plaisante, ils ricanent : « Je me f.... du singe, puisqu'il y a à licher ! » Ne les croyez pas : ils sont très contents de s'asseoir à ce repas de corps qui les rapproche familialement du patron.

J'ai assisté à l'une de ces fêtes. La joie rayonnait sur tous les visages. Au dessert, deux des ouvriers prononcèrent chacun un discours. Le premier, un socialiste-révolutionnaire, s'adressant au patron, lui dit : « Vous êtes de ces patrons, malheureusement trop rares, qui n'ignorent pas les besoins des travailleurs et s'efforcent d'améliorer leur situation. Nous buvons à votre santé et à votre prospérité ! » Le second ajouta : « Il serait à souhaiter que la réunion de ce soir servit d'exemple à beaucoup de patrons, car c'est dans ces réunions intimes qu'ils apprendraient à connaître exactement les sentiments des ouvriers à leur égard. » Il avait raison, le détachement des ouvriers n'est pas dû uniquement à des questions de salaire : il provient en grande part de l'indifférence hautaine que leur témoignent la plupart des patrons, qui les traitent ouvertement comme des bêtes de somme envers qui tout ménagement reste superflu : or, ces bêtes de somme commencent à montrer leur face d'hommes, et ces hommes, se voyant repoussés, se sentant ravalés au rang de parias, se préparent — élevant classe contre classe — à engager une lutte qui mettra fin au mépris dont on les abreuve...

Si les patrons sont détestés, les patronnes sont exécrées. Les ouvriers les disent plus minutieuses que les hommes, plus exigeantes, fouillant tout d'un œil sévèrement inquisiteur, et, de se sentir aussi étroitement surveillés, cette gêne s'ajoute au dépit de travailler sous la direction d'une femme.

Aucune sympathie — on le sait de reste — pour le *contre-coup*. Ce *sac-à-mistoufles* (1) ne leur dit rien qui vaille : il est considéré comme le chien de l'atelier, un renégat dont on se méfie instinctivement.

Peut-être les petits patrons — quoique jalousés — inspirent-ils moins d'antipathie que leurs grands confrères. En tout cas, ils vivent plus près de l'ouvrier, ils ont davantage besoin de leur assiduité complaisante, et entre eux se crée une semi-communauté d'intérêts qui atténue d'autant la tension des rapports. Ici, rien de semblable aux grandes maisons, aux immenses usines, où d'habitude l'ouvrier ne se trouve en rapport qu'avec le caissier. Travaillant aux côtés de son patron, au courant des commandes, l'employé connaît à peu de

1. Contre-coup et Sac-à-mistoufles sont deux surnoms couramment appliqués aux contre-maîtres.

choses près les bénéfices de l'employeur, parfois il le voit aux prises avec la concurrence, avec la malechance ; il compatit à ses peines, même il l'aide... à sa façon. J'ai vu cela.

C'était une fin d'après-midi, en semaine. Tout à coup arrivent une dizaine de robustes gars, hommes de trente à quarante ans, pères de famille, tous ardents au travail.

— On ne travaille donc pas aujourd'hui ?

— Si, patron ! Et, avec plus de courage que les autres jours, car nous venons de déménager un petit industriel à la veille d'être saisi.

— A la « cloche », je parie?

— Tout juste ! Oh ! ça n'a pas traîné. Nous étions trente. L'atelier a été vidé en deux heures.

— Je croyais que les *pieds-plats* ne prêtaient jamais leurs services aux boutiquiers et aux patrons ?

— C'est vrai, mais celui-là est un « bon zig », qui a toujours été très juste et très bon avec les quinze ouvriers qu'il occupait. Si tous les patrons lui ressemblaient, ah ! malheur !... Là-dessus, silence ! les camarades, pour que je vous « dégoise » ma chanson favorite :

« J'aime pas les sergots ! »

CHAPITRE II

LES CHEVALIERS DE LA CLOCHE

Entre les libertaires et ces *pieds-plats*, ou chevaliers de la Cloche, qui si allègrement viennent en aide au *bon patron* en déconfiture, n'y a-t-il point affinité de sentiment ? — ce qui ne signifie pas *entente !* Les propagandistes par le fait poursuivent la destruction de la propriété — les chevaliers de la Cloche réalisent, sans coup férir ! la suppression du propriétaire... Là s'arrête la corrélation, les moyens employés et le but à atteindre différant sensiblement. Ce serait donc pousser la manie d'assimilation un peu loin, que de vouloir démontrer parité d'intentions et d'opinions entre les anarchistes et les chevaliers de la Cloche, ainsi baptisés du nom même de l'ordre auquel ils appartiennent : l'ordre de la Cloche... de bois !

Chevaliers sans peur, sinon sans reproche aux yeux des propriétaires, ils n'ont qu'une religion : la haine du *proprio ;* un seul but : venir en aide aux locataires qui ne peuvent ou ne veulent payer leur terme, en les déménageant... à la cloche. Ne pas oublier leur signe distinctif : la terreur des concierges.

C'est depuis une dizaine d'années que les chevaliers de la Cloche, plus vulgairement connus sous le nom de *pieds-plats*, font une concurrence sérieuse aux déménageurs patentés. On se souvient de la fameuse ligue des antipropriétaires. Elle avait son siège social — pas moins ! — dans le centre de Paris. Là, sous l'œil bénévole de la police, elle accueillait toutes les demandes des locataires gênés, tenait registre ouvert de ses opérations, réglait ses expéditions et s'efforçait de résoudre un côté de la question sociale en supprimant *de facto* l'obligation de payer son loyer.

La première fois que la presse parla de la ligue des antipropriétaires, les Parisiens, amusés, prirent la chose en plaisantant. Les propriétaires s'en réjouirent moins. Des plaintes furent bientôt formulées, les tribunaux s'en mêlèrent, la police traqua les pieds plats, et l'ordre de la cloche de bois dut se dissoudre.

Dissolution simplement apparente. Nos bons chevaliers n'en continuèrent pas moins, aux nouveaux termes, d'observer les statuts de leur ordre. Et, à chaque petit terme, celui qui leur donne le plus de travail, ils sont sur pied avant le jour, prêts à déménager, sans plus se soucier des concierges que des propriétaires.

Actuellement, ils sont dispersés dans Paris, divisés par groupes de quartier, groupes autonomes et indépendants, agissant indifféremment ici ou là, au petit bonheur des nécessités de la profession.

A la vérité, les *pieds plats* ne sont pas des professionnels. Ouvriers ayant chacun son métier respectif, hommes robustes capables de porter les plus lourdes charges, ils travaillent tous à l'atelier, menuisiers, serruriers, charpentiers, etc.; ils ne prennent la qualité de déménageurs que momentanément. Non pas à leurs moments perdus, certes! car les pieds plats sont tenus de marcher aussi bien un jour de semaine que le dimanche. Sitôt que l'un d'eux connaît un déménagement à faire, il court — les lettres de convocation ont été supprimées comme trop compromettantes — il court prévenir les camarades, et, en vingt-quatre heures, dix hommes, vingt, trente s'il le faut, sont informés du jour et du lieu où ils doivent se réunir.

Chose curieuse! il est rare que les pieds plats soient gênés dans leurs opérations. Ils ont d'ailleurs la prudence de prendre quelques précautions. Lorsqu'ils travaillent dans un quartier riche, ils laissent les voitures à une certaine distance de la maison indiquée, inspectent la rue, et, si rien d'anormal n'est signalé, le gros de la troupe se met en marche. Deux hommes gardent la porte de sortie, deux autres vont entretenir le concierge de la pluie et du beau temps, le reste grimpe vivement à l'appartement qu'il s'agit de vider. Il faut reconnaître que les pieds plats font preuve d'une célérité inconnue de nos déménageurs ordinaires. En une heure, l'appartement le mieux meublé se trouve complètement débarrassé. Avant d'en sortir, le chef de la bande, une bougie à la main, visite toutes les pièces, toutes les armoires, et, quoi que dise le locataire, il ne laisse rien, pas la moindre vieillerie !

Et le concierge ? dira-t-on. Ou il ne s'aperçoit de rien, et le tour est joué. Ou il se méfie, il voit défiler la bande, et il veut appeler les agents. Mais la porte est gardée. Il est seul, et il ne peut que laisser faire. Pauvres concierges ! L'un d'eux, voyant sa maison ainsi envahie, jetait les bras au ciel, suppliait, invoquait Dieu, enfonçait furieusement sa calotte sur la tête, ne sachant à quel parti se résoudre. S'attaquer à ces « bandits », quel danger ! Mais le devoir ? Et, pour se donner du courage, le pipelet de boire petit verre sur petit verre, si bien qu'il avala ainsi un demi-litre d'alcool, juste le temps pour les pieds plats d'achever leur déménagement, et pour lui celui de se griser !

Mais que dire de ce concierge d'une grande villa ouvrière de Belleville, qui fit la joie de tout le quartier ? Depuis un an, le propriétaire n'avait pas reçu un sou sur le montant de ses loyers. Fatigué d'attendre, lassé des explications de son concierge, il ordonna une enquête. Quelle ne fut pas sa stupéfaction en apprenant que son concierge, loin de redouter les pieds plats, les appelait, les aidait avec ardeur et engageait les locataires à ne jamais payer le terme! Que de gens rêveraient d'avoir affaire à un pareil concierge!

Antipropriétaires avant tout, les pieds plats n'affichent aucune opinion politique. Parmi eux, on signalait à peine, autrefois, une poignée d'anarchistes. Cependant, la vérité oblige à dire qu'ils ne se désintéressent pas toujours des évènements : la preuve en est dans l'attitude qu'ils tinrent au soir de l'élection présidentielle du 3 décembre 1887.

On n'a pas oublié l'opposition avec laquelle le parti radical intransigeant accueillit la candidature de Jules Ferry à la présidence de la République. Appel avait été fait aux troupes révolutionnaires. Toutes les associations ouvrières de la capitale étaient invitées à organiser la résistance au cas où Ferry serait élu. Celle des pieds-plats reçut également sa mission. Eparpillés sur tous les points de Paris, divisés en petits groupes, ils étaient chargés, sitôt le résultat connu — et l'élection de Ferry ne faisait doute pour personne — de monter au clocher des églises pour sonner le tocsin appelant les citoyens aux armes.

. . . .

Depuis un an, la loi assimile les chevaliers de la Cloche aux malfaiteurs ; elle les punit, lorsqu'ils sont pris en flagrant délit, d'une peine sévère : cinq ans de prison ! Cela a modifié leur organisation, devenue plus prudente, moins publique, moins disposée à déménager le premier venu. Ces bons chevaliers sont des travailleurs chargés de famille, et l'on comprend qu'ils tiennent moins à s'exposer. Au surplus, en braves gens pratiquant la fraternité effective, ils n'hésitent pas, malgré la loi, à prêter leur ministère à un ouvrier dans la misère. Quelquefois, non contents d'opérer le déménagement, toujours gratuitement, ils poussent la générosité jusqu'à se cotiser entre eux pour venir en aide au déménagé.

Avant le vote de la loi de répression, les propriétaires s'étaient ligués contre les pieds-plats. Dans les faubourgs, nos déménageurs, trop connus, commençaient à ne pouvoir plus se loger. Et l'un des plus anciens pieds-plats, qui depuis quinze ans avait pu se nicher sans bourse délier, rêvant de couronner sa carrière de chevalier de la cloche en allant, dans les mêmes conditions, habiter l'Avenue de l'Opéra, dut capituler à l'un des derniers termes : on ne voulait plus de lui nulle part! Pour la première fois depuis 1879, un propriétaire réussit à lui faire acquitter sa quittance. Le malheureux se croyait déshonoré!

CHAPITRE III

LES SALAIRES.

— Trois *pures*, patron, c'est moi qui régale!... Je te dis que nous nous battions. Il recevait une de ces trempes, et salée! quand un pékin nous sépara.

— En voilà un salaud!

— Ecoute donc!... Alors, de quoi vous mêlez-vous? que je lui fais. C'est pas vous qui me donnerez du pain!

— Pour sûr! il en créverait plutôt.

— Vas-tu fermer ça?... Alors, que je lui fais, c'est pas vous qui me donnerez du pain?... « C'est pas les coups, non plus! » qu'y me dit.

— Fallait lui dire que ça fait digérer, p't-être !

— N'en jette plus, la cour est pleine !... Alors, je lui dis que j'avais le droit de lui f...tre des gnons puisqu'il m'avait fait perdre ma place : « Combien que vous gagniez ? — Trente-cinq sous. — Je vous en donne quarante. Venez chez moi à deux heures, je vous embauche ! » Tu penses s'il m'en bouche un coin ! A deux heures, je m'amène, il m'embauche, et je travaille. En v'là une affaire ! C'est « les vieux » qui seront contents !

— T'es rien veinard, toi ! Moi, quand je me bats, c'est les *flics* qui s'amènent... et j'détale !

Le héros de cette petite histoire véridique a dix-huit ans. Il vit avec ses parents. Le père est mécanicien, la mère couturière. Depuis quelques années, le ménage est heureux. Peu de chômage, plus de maladie, seulement encore quelques dettes arriérées à payer. Si la chance continue, s'il n'arrive aucun *avaro* (1), on pourra mettre quelques sous de côté pour la vieillesse — ce rêve de tant d'ouvriers! Rêve trop souvent abandonné, par la force des choses, car, dans la vie des ouvriers, survient toujours, immanquablement, ce qu'ils appellent un avaro.

On a établi, par des travaux rendus publics, la moyenne générale des gains quotidiens de l'ouvrier parisien. Tour à tour, l'Office du Travail — institution officielle ressortant au ministère du Commerce, — la Bourse du Travail — fédération libre des Syndicats professionnels, ont dressé le tableau des salaires de la grande industrie; enfin les *séries de prix* en usage chez les architectes, chez les entrepreneurs, font connaître les salaires de tous les ouvriers du bâtiment, depuis le maître-compagnon charpentier jusqu'au gâcheur de maçonnerie.

1. Avaro, accident de toute nature.

D'un accord commun, la moyenne se trouve fixée à 6 fr. 15.

Chiffre respectable, dit-on. Soit! Mais ce chiffre présente un inconvénient : il ne s'applique qu'aux ouvriers ayant un métier en main ! Or, il y a, à Paris, des milliers et des milliers d'ouvriers n'appartenant à aucun état précis, soit qu'ils ne firent point d'apprentissage, soit qu'un accident, une maladie, les éloigna pour toujours du métier auquel ils s'étaient préparés, soit enfin que le chômage, un évènement quelconque — un avaro ! — les ait à jamais précipités dans cette innombrable armée des ouvriers... disons, sans ironie, *déclassés !* qu'on peut appeler les Vagabonds du Travail.

Que les statisticiens, obligés d'opérer sur des données mathématiques, dédaignent ces malheureux, inclassables dans l'industrie, on les en peut excuser. Mais ces ouvriers n'en sont pas moins des hommes, des travailleurs au même titre que les travailleurs catalogués et estampillés, et cela doit manger, dormir, se vêtir, exister — tout comme leurs semblables de l'atelier. Que leur rapportent donc les métiers auxquels ils se raccrochent, métiers de la rue ou autres, professions plus ou moins bizarres, extraordinaires, insoupçonnés si, après Privat d'Anglemont, des curieux ne s'étaient amusés à les épingler et à les révéler?... On a cherché à le savoir — sans succès! Devant ces pauvres diables, l'observation hésite : ils changent si souvent de patrons et de professions qu'elle ne sait où les saisir! Ils vivent, chichement, l'aspect misérable, toujours maladifs, flottant dans des haillons cent fois rapiécés, tout aussi honnêtes que d'autres, pour la plupart se refusant aux besognes indélicates, en somme ouvriers sans métier assuré, mais n'en appartenant pas moins à la grande famille ouvrière. Il est donc équitable de les faire entrer en compte lorsque l'on parle de la moyenne des salaires, — et voilà cette fameuse moyenne sensiblement descendue au-dessous du chiffre fixé sur des recensements incomplets. Les six francs quinze sont loin !

Des publicistes ingénieux se sont complu à comparer la situation pécuniaire des petits employés avec celle des ouvriers. Poussant la comparaison plus loin, on a même établi un parallèle entre certaines catégories d'ouvriers et certaines professions libérales. Ainsi, un lieutenant d'artillerie en second gagne par jour 4 francs 16 — un ouvrier de four à chaux 4 francs 65 ; un professeur titulaire de l'enseignement classique et de l'enseignement spécial gagne par jour 8 fr., — un ouvrier parqueteur 8 fr. 50, etc... Et de ce tableau comparatif, surchargé par ailleurs des sommes dépensées pour l'instruction et l'éducation du lieutenant et du professeur, des frais de tenue et de représentation auxquels ils sont tenus, on a conclu à l'avantage de la situation des ouvriers sur celle du militaire et de l'homme à redingote.

Il suffit de mieux examiner les choses pour les ramener à une plus triste réalité. Et, d'abord, ce n'est qu'après un long et coûteux apprentissage que certains ouvriers parviennent à gagner le salaire ordinaire de leur métier : d'où, des sacrifices d'argent pour leurs parents, tout comme pour les parents du professeur et de l'officier, sacrifices numériquement moins élevés, sans doute! mais aussi pénibles, tout étant relatif, et plus aléatoires, plus personnels, car ici il n'y a ni fortune, ni facilité d'études, ni bourses de collège, ni de ces protections qui rendent plus aisé l'accès des grands corps de l'Etat. S'il n'a pas à supporter des frais de tenue et de représentation — il ne lui manquerait plus que cela!... — en revanche l'ouvrier est soumis, hélas! à des *frais de santé :* le travail manuel l'use et l'assomme, il n'y résiste, en de certains métiers, qu'en absorbant beaucoup ; c'est ainsi que tels mécaniciens, gagnant quatorze francs par jour, perdent quotidiennement sept francs affectés à l'entretien de leur corps en cours de travail; les patrons ne les paient ce prix-là que parce qu'ils savent pertinemment à quelles nécessités coûteuses les réduit le travail qu'ils leur confient. Voilà des frais de santé dont les ouvriers se passeraient volontiers, et qui semblent trop dépasser les frais de représentation qu'on leur oppose !

En vérité, un tel parallèle se peut-il poursuivre sérieusement ?

Ceux-là, enrégimentés dans l'État, jouissent d'une sécurité parfaite (ne parlons pas, pour l'officier, des hasards de la guerre, puisque tous les citoyens, étant soldats et mobilisables en cas de conflit, sont destinés à courir les mêmes périls); qu'ils soient malades, qu'ils se trouvent en congé (1), la

1. Dans l'année scolaire 1893-94, les établissements

15.

solde, le traitement leur est assuré du 1ᵉʳ· janvier au 31 décembre ; à telles époques prévues, ils montent en grade, ils sont élevés aux classes supérieures, recevant un traitement également supérieur ; outre la faculté de prétendre aux honneurs correspondants à leurs fonctions, d'arriver aux plus hautes situations militaires ou universitaires, ils ont la certitude, garantie par des lois, de ne sortir de l'armée ou de l'enseignement qu'avec une retraite assurant leurs vieux jours. Aussi bien — sans mettre en doute la vocation de plusieurs — n'est-ce point la perspective de cette sécurité, par quoi se trouve préservée jusqu'à la mort toute leur existence, qui a décidé le plus grand nombre d'entre eux à endosser la robe du professeur ou le dolman de l'officier ?... Ni l'hermine, ni les galons, répondra-t-on, ne

universitaires ont eu *201* jours de congé, ce qui donne *164* jours de travail pour les élèves... et pour les professeurs !

les mettent à l'abri des vicissitudes de la vie, pas plus que le dolman ou la robe ne les couvre contre les surprises professionnelles mortifiantes. Eh! oui, mais qui obligeait ces messieurs, capables comme tant d'autres et, par leur instruction, plus à même de risquer les incertaines chances de la vie, qui les obligeait de troquer leur liberté contre le servage administratif?

Ceux-ci, ouvriers malgré eux, n'ayant pas eu le choix d'une carrière à leur entrée dans la vie, condamnés par leur naissance même à manier l'outil du prolétaire, soumis à toutes les fluctuations de l'offre et de la demande, vivent dans l'insécurité la plus absolue. Ni retraite pour la vieillesse, ni salaire en cas de repos, ni salaire en cas de maladie, ni salaire en cas de chômage, ils ignorent entièrement où ils seront demain : blessés dans le métier? renvoyés de l'atelier? jetés dans l'inactivité par la cessation du travail sans savoir quand il reprendra?...

Et, loin de pouvoir compter sur une augmentation de salaire, ils n'ont que cette certitude désolante : la certitude de gagner de moins en moins, soit que la vieillesse, en paralysant leurs forces, les rende incapables d'un travail rémunérateur, soit que la concurrence industrielle, atteignant encore la main d'œuvre, la mette à vil prix, tandis que tout augmente — nourriture, loyer !

Si encore le salaire des ouvriers était réellement supérieur, comme on l'a prétendu, au traitement des bourgeois auxquels on les compare ! Peut-être alors pourraient-ils, à force d'épargne, garantir l'avenir. Mais, non ! leur salaire n'est malheureusement point si élevé qu'on le dit, et cela pour l'excellente raison que le chômage en emporte près de la moitié. En effet, l'Office du travail — je répète que c'est là une institution officielle, donc infaillible aux yeux de la bourgeoisie, — l'Office du Travail, d'ailleurs corroboré par la Bourse du travail, a publié une statistique établissant que l'ouvrier parisien *travaille à peine 200 jours par an*, supportant ainsi *165 jours de chômage*, soit près de *cinq mois et demi*. Voilà donc cent soixante-cinq jours de salaire à supprimer totalement : cela ramène la moyenne générale du salaire de l'ouvrier parisien à *3 fr. 35* au lieu de *6 fr. 15* (ce dernier chiffre ayant été fictivement établi sur 365 jours de travail). Quant aux deux catégories d'ouvriers plus spécialement opposées à l'officier et au professeur, voici, par suite, leur situation exacte à l'égard de ces deux fonctionnaires : l'ouvrier d'un four à chaux gagne exactement un salaire de *2 fr. 57* au lieu de 4 fr. 65, l'ouvrier parqueteur un salaire de *4 fr. 65* au lieu de *8 fr. 50*, — ce qui fait que l'officier d'artillerie reçoit par jour 1 fr. 59 de plus que le premier, le professeur 3 fr. 35 de plus que le second !...

Des prétendus avantages de l'ouvrier sur

les petits bourgeois, combien en subsiste-t-il?... Aucun !

Si!... Sur les professeurs, sur les militaires, l'ouvrier possède un avantage réel, et considérable, celui-là : le droit de se syndiquer (1)!

1. Cette argumentation ne tend qu'à rétablir la vérité sur le sort de l'ouvrier. Que la situation de certains petits bourgeois soit digne d'intérêt, on ne saurait le nier. Aussi bien les membres de l'Université sont-ils à même, mieux que quiconque, de revendiquer les améliorations auxquelles ils pourraient avoir droit. On sait de reste que, loin d'entrer en lutte avec les ouvriers, loin de créer, comme on le désirerait peut-être, un antagonisme entre la classe ouvrière et le corps enseignant, ils sont des premiers à répandre, de la plume et de la parole, les théories socialistes... sinon individualistes. Encore tout récemment, un professeur agrégé d'histoire écrivait au *Figaro* une lettre dont le passage suivant vaut d'être médité :

« Au temps peu lointain où j'étais étudiant à la Sor-
« bonne, écrit cet universitaire, mes camarades et moi
« nous nous préoccupions déjà des conséquences qu'au-
« raient au point de vue social : 1° la surproduction
« des diplômes ; 2° la disproportion toujours croissante

« entre la grandeur de l'effort demandé par les con-
« cours et la rémunération de cet effort ; 3° l'encom-
« brement de l'Université... Nous pensions alors que
« ce pseudo-bourgeois sortirait quelque peu de la bour-
« geoisie et s'en irait offrir ses services aux écoles
« socialistes... Depuis ma sortie de la Sorbonne, j'ai
« été professeur à Stanislas, le gouvernement m'a en-
« voyé en mission à l'étranger pendant deux ans. Je
« viens de rentrer en France : j'ai pu immédiatement
« constater que mes prévisions de jadis étaient justes
« *et qu'il était proche le temps où l'Université serait
« le grand séminaire du Socialisme* comme l'Ecole
« Normale fut autrefois l'Ecole préparatoire au jour-
« nalisme. » — *Figaro* du 28 août 1894.

CHAPITRE IV

DES SYNDICATS PROFESSIONNELS

Beaucoup d'ouvriers sont syndiqués : tous ne le sont pas. Ces derniers, si l'on en croit les raisons qu'allèguent quelques-uns d'entre eux, s'éloignent des syndicats par indifférence, par lassitude, par aversion de tout enrégimentement, par crainte de la fréquence des cotisations, enfin par peur d'une organisation dans laquelle ils croient deviner une association politique, dirigée par des chefs dont il faut, en toutes circonstances et sous peine d'expulsion infamante, suivre le mot d'ordre, quel qu'il soit. D'autres, au contraire, se sont retirés des syndicats professionnels, qui n'avaient rêvé leur développement qu'en vue de réunir l'ensemble des forces ouvrières en un blort malléable pour, le jour venu, fomenter la sédition. De ce nombre, à coup sûr, était cet ouvrier qui me tenait les propos suivants au lendemain de l'affaire de la Bourse du Travail :

— Eh bien! vous les avez vus, *leurs* syndicats? Ils menaçaient de faire sauter tout Paris. Tas de gueulards! Toujours des mots, des phrases, puis, quand il faut agir, plus personne! — « Camarades! unissons-nous comme des frères, nous sommes le nombre, Dupuy l'Auverpin aura peur de nous, résistons, nous garderons notre Bourse du Travail! » — Et j'applaudissais ces clempins-là, nom de Dieu ! J'y croyais à tout ça, je disais à la bourgeoise: « On va rigoler un brin. V'là la Commune qui revient, faut que j'apprête mon flingot. » Ah! oui, elle est chouette, leur résistance. Les cochons! Au premier pantalon rouge, ils ont cané... M...! j'en veux plus de leurs syndicats de malheur!

Timidement, je hasardai :

— Que vouliez-vous qu'ils fissent ? Ils avaient la force contre eux. La résistance devenait...

— La force?... la force?... Eh ben? et ça?

Et, tendant ses deux bras musculeux :

— Ça compte pas, ça ?... C'est pas de la m..., nom de Dieu ! Y en a des comme ça dans Paris, qui auraient pris les fusils, les outils, les pioches, tout, quoi! pour lui foutre une rossée, au gouvernement de Dupuy et à ses bouffe-galettes de députés! Pour le coup, ça y était la Révolution! avec le Quartier latin soulevé, Charonne, Ménilmontant, Belleville, qui commençaient à bouger. Ah! malheur ! On a passé le temps à jaboter et à brailler, et maintenant tu peux te rentrer, mon vieux ! alle est pas encore là, la Révolution... Nom de Dieu de nom de Dieu ! C'est foutant !

Ce révolutionnaire désappointé, d'ailleurs travailleur éprouvé et très appliqué à son gagne-pain, exprimait là un sentiment qui n'aura certainement échappé à aucun de ceux qui, au moment de la fermeture de la Bourse du Travail, ehrent l'occasion de pénétrer dans les fameux *repaires* où Gambetta se promettait d'aller chercher « les esclaves ivres de vin et de sang », avant-garde de toutes les révolutions. Les *repaires* étaient agités, les *esclaves* étaient indignés. Et lorsque l'on songe à l'étrange tolérance avec laquelle le gouvernement laissa grandir l'émeute, pendant trois jours libre! victorieuse ! à la foudroyante rapidité que des poignées de gavroches mirent à la propager du Quartier latin à la Bastille, de la place Maubert à Ménilmontant, gagnant bientôt les hauteurs de Belleville, éveillant sur son passage les vieux instincts batailleurs du Paris qui peine et qui souffre, on ne peut s'empêcher de reconnaître que les partisans de la violence ont en effet manqué là une belle occasion ! Devant cette agitation imprévue, brusquement transformée en révolte, ils restèrent surpris, hésitants, craintifs, comme si tout les premiers ils ignoraient la capacité révolutionnaire de leurs propres troupes, et ainsi il demeure acquis que Paris, vainement tâté pour un soulèvement général en des époques plus passionnées, sous le boulangisme comme au moment des scandales du Panama, s'est trouvé un jour, sans secousse, sinon sans cause, à la merci d'une émeute grosse de périls pour la bourgeoisie, et qui n'avorta que parce qu'elle était sans chefs pour la diriger !

Je constate, je n'apprécie pas. Je répète que, à l'instar de mon farouche interlocuteur de tout-à-l'heure, des groupes d'ouvriers parisiens comptaient sur le concours effectif des Syndicats professionnels pour appuyer la guerre des rues. Trompés dans leur attente, ils se sont pris pour eux de désaffection, dès lors rejetés dans les rangs, moins éclaircis qu'on ne le suppose, de ce parti, redoutable aux sociétés, où l'espérance d'une transformation sociale s'accompagne toujours de l'idée d'une commotion populaire.

Par contre, l'attitude pacifique des Syndicats professionnels en cette circonstance les autorise à réfuter l'argumentation malveillante de ceux de leurs adversaires qui les accusent de n'être que des foyers d'agitation politique. Que, en temps d'élections, ils s'emploient à assurer le succès des défenseurs de la classe ouvrière, que les ouvriers syndiqués se liguent pour soutenir la candidature de leurs partisans, c'est là une disposition trop inhérente à tous les groupements sociaux pour s'étonner de la retrouver dans les Syndicats. Aussi bien leur intervention en matière politique n'est-elle que la résultante logique et légale du but qui leur fut assigné. Que dit la loi du 21 mars 1884 ?

Voici le texte du premier paragraphe de l'article 3 : — « Les Syndicats professionnels ont exclusivement pour objet l'étude et la *défense* des intérêts économiques, industriels, commerciaux et agricoles. » — Or, quels intérêts, d'une importance capitale pour l'une des catégories qui composent notre agglomération sociale, ne se défendent que platoniquement? Comment ne voit-on pas que *les intéressés* sont forcément amenés à recourir à l'unique moyen qu'ils ont de peser sur les décisions du Parlement, celui-ci ayant seul le pouvoir, dans l'organisation gouvernementale actuelle, d'accueillir leurs revendications *défensives*, de les sanctionner par une loi, — et cet unique moyen n'est-il pas l'agitation électorale?... En ces dernières années, les protectionnistes, sous la trop habile conduite de M. Méline, ne se sont-ils pas, pour en imposer au Parlement, électoralement fédéré, à l'ombre des Syndicats agricoles organisés dans les régions ennemies du libre échange, et, soit par voie de pétitionnements, de vœux, soit par leur participation directe à la lutte électorale, ces Syndicats agricoles, dont on oppose habituellement la sagesse patiente à la turbulence menaçante des Syndicats ouvriers, n'ont-ils alors point fait œuvre essentiellement politique (1)?...

1. Incontestablement, l'influence des Syndicats professionnels au point de vue politique est considérable. On peut même dire que la progression du socialisme est proportionnée à leur propre développement. L'histoire du socialisme en province en est la démonstration éclatante. Le département des Ardennes, pour ne citer que celui-là, s'est entièrement transformé en peu d'années sous l'action syndicale. Ainsi, aux élections législatives de 1885 (scrutin de liste), les socialistes obtenaient à peine de quinze cents à deux mille voix dans tout le département : « En ce temps-là, écrivait plus tard l'un des candidats, M. J.-B. Clément, nous étions partout reçus à coups de pierre ! » Quatre ans après, aux élections de 1889 (scrutin d'arrondissement), le candidat socialiste de l'arrondissement de Sedan obtenait *1.399* voix, et, dans l'arrondissement de

« Hélas ! soupirait un grand industriel devant qui l'on condamnait l'ingérence politique des syndicats professionnels, hélas ! pourquoi cette ingérence n'est-elle pas de tous les instants ? Qu'ils s'occupent donc de la politique et des politiciens jour et nuit, s'ils le désirent, mais qu'ils s'occupent un peu moins de nous ! »

Mézières-Charleville, M. J.-B. Clément arrivait bon troisième avec *4.468* suffrages. Enfin, aux élections de 1893, à Sedan, le socialiste Lassalle allait jusqu'à 5.000 voix, et, à Mézières, le même J.-B. Clément montait à 6.000, touchant au succès, l'atteignant, sans la tactique maladroite et personnelle d'un comité radical-socialiste qui maintint contre lui, au second tour du scrutin, la candidature de son représentant, faisant ainsi involontairement le jeu du républicain rallié, le comte de Wignacourt, élu avec 8.000 voix contre 11.000 que se partageaient les deux autres candidats, radical et socialiste. — Evidemment, le parti socialiste ardennais ne s'est si prodigieusement développé, en huit ans que grâce à la propagande la plus active et à la multiplicité des Syndicats réunis en une Fédération aussi puissante qu'admirablement disciplinée. Il en est de même pour les autres départements.

Les syndicats professionnels se garderont
de réaliser ce souhait. Par une activité incessante, par une pression impitoyable, ils
ont triomphé des hésitations ou des répugnances de la majorité des ouvriers. Forts
de l'adhésion des masses, totalisant ces centaines de mille de travailleurs qui naguère
étaient sans influence parce que sans union,
ils ont, par la fermeté de leur discipline,
conquis sur le patronat d'irrémédiables victoires, d'où sortira tôt ou tard la suprématie du salariat. Là où les syndicats n'ont
plus à ménager des dissidences encore
redoutables, là où les ouvriers d'un même
métier, d'une même fabrique, sont unanimement syndiqués, le maître de l'usine n'est
plus le patron, mais le syndicat. C'est le
syndicat qui impose le choix des ouvriers,
décidant le renvoi de ceux-ci ou l'engagement de ceux-là ; c'est le syndicat qui fixe le
taux du salaire ; c'est le syndicat qui limite
la durée du travail ; c'est le syndicat — cela

s'est vu — qui force la main au patron pour le maintien ou le changement des anciens instruments de travail, — et quand le grand industriel, ayant l'arrière pensée que sa grosse fortune triomphera aisément de la pauvreté de ses ouvriers, s'insurge contre les volontés de son tout puissant censeur, le syndicat le force à capituler quand même, en décrétant la grève, en la continuant jusqu'à ce qu'il cède, — et il cède toujours, fatalement !

La grève est le moyen extrême. Il en est un autre, moins violent, en apparence bénin, auquel les syndicats recourent fréquemment : la mise en interdit. Un industriel refuse d'appliquer les tarifs imposés par la Chambre syndicale : défense est faite aux ouvriers de travailler chez lui. Si l'industriel s'entête, il en est réduit à former des apprentis, d'où perte de temps, impossibilité matérielle de livrer les commandes, d'obtenir de ces mains inexercées un travail satisfaisant; résultat probable : dispersion de la clientèle. Quantité de patrons se lassent de lutter : maintenant, ils se soumettent à la première injonction. D'autres, malins, encouragent les syndicats professionnels, entretiennent les meilleurs rapports avec les membres influents, flattent leur vanité, — écartant par là bien des dangers, laissés à peu près en paix dans leurs usines, le syndicat fermant les yeux. D'aucuns, jouant de franchise, mettent le syndicat au courant de leur situation, démontrent l'impossibilité où ils sont d'appliquer rigoureusement les tarifs sans courir à la ruine ou à la faillite, et par là ils évitent la mise à l'index (1). Quelques-uns aussi,

1. Dans ce cas se trouvent plusieurs patrons de Paris, ne donnant à leurs ouvriers qu'un salaire au-dessous du tarif, et ce au vu et au su des syndicats qui, très-sagement, n'interviennent pas, sachant que s'il imposaient le tarif strict à ces patrons, ceux-ci seraient obligés de fermer leurs ateliers. — Mais ne serait-il

en semant la division et la corruption, réussissent à annihiler partiellement l'action des syndicats, restant maîtres chez eux — maîtres du salaire, maîtres de l'ouvrier, libres de renvoyer l'un, libres de diminuer l'autre — à leur guise !

« Prolétaires de tous les pays, unissez-vous ! » Avant Karl-Marx, Proudhon disait déjà, et mieux : « Unissez-vous ! formez-vous en parti ou en *classe*, afin de défendre vos droits et de devenir quelque chose dans la nation. »

Le prolétariat a suivi le conseil de Proudhon. Aujourd'hui, il constitue plus qu'un parti : il compose *une classe*, la classe virtuellement la plus puissante de l'état moderne, dont nulle barrière légale, morale ou

pas juste de tenir compte de cette anomalie dans les statistiques officielles, où l'on voit que la moyenne générale des salaires se trouve établie, par le fait, sur des données fictives? — D'où il résulte que cette moyenne est encore bien inférieure à celle que nous connaissons déjà !

militaire, ne saurait retarder l'avènement niveleur, si, ayant nettement conscience de sa force, elle se déchaînait pour la satisfaction de ses appétits. Et comme, dans l'humanité, sous l'hypocrisie des morales et des théologies, les appétits sont tout; comme les plus vertueux des moralistes qui condamnent l'appel aux grossiers instincts de l'homme, sont eux-mêmes incapables de se libérer de la domination de ces instincts (ils les règlent sans les supprimer); comme la richesse semble à quelques-uns n'être que la conséquence de l'égoïsme jouisseur d'une minorité, — vraiment la bourgeoisie serait mal venue à s'indigner, au nom de préceptes moraux et religieux qu'elle enfreint tous les jours, de la matérialité des aspirations de ces millions de misérables, auxquels elle n'a su donner, par la voix de l'un de ses représentants les plus honorés, que ce noble conseil — synthèse de toute sa politique en ce siècle pitoyable :

— *Enrichissez-vous!*

Formez-vous en classe! Et une partie de l'école socialiste s'est premièrement attachée à prêcher la lutte des classes, pour creuser, entre le patronat et le salariat, un fossé rendu infranchissable jusqu'au jour de la bataille sociale!

Mais Proudhon a dit aussi : « *L'homme, être libre par excellence, n'a accepté la société qu'à la condition de s'y trouver libre.* » Or, l'union exclut la liberté; qui dit union dit discipline, restriction de l'initiative individuelle, suppression de l'indépendance, soumission de l'individu au vouloir de la majorité. Et c'est là précisément que gît le point faible des syndicats professionnels. Pour résister aux patrons, ils ont dû commencer par discipliner leurs propres éléments. Les mêmes crimes contre la liberté de pensée qu'ils reprochaient aux patrons intolérants, ils les ont commis. Les mêmes procédés autoritaires, vexatoires, coercitifs, ils les ont employés. Les mêmes règlements de fer dont ils réclamaient la suppression au nom des principes de liberté, ils les ont appliqués. Et aux atteintes portées par le patronat à la liberté du travail au nom des intérêts du patronat, ils ont substitué les mêmes atteintes à la même liberté au nom des intérêts du salariat! Une excuse : ils s'organisent comme ils peuvent. Le patronat répond : je me défends comme je peux! Le résultat est identique : c'est l'asservissement de l'individu au droit du plus fort !

Philosophiquement, les syndicats professionnels ont gravement tort.

Une grève éclate dans une commune. Trente ouvriers refusent d'y participer. On affiche leurs noms, on les cloue au pilori dans un journal local, on défend aux marchands de vins de leur servir à boire, sous peine de mise à l'index, on interdit aux coiffeurs de leur couper la barbe et les cheveux, on les met au ban de la commune, et ces trente ouvriers, montrés du doigt, honnis, frappés, chassés, vivent comme des parias (1).

Dans une autre commune, la Chambre Syndicale avait à se plaindre d'un habitant du pays, sur lequel elle ne pouvait exercer son action personnelle. Par malheur pour lui, cet homme possédait un taureau près de qui chacun menait saillir sa vache. Que fait la Chambre Syndicale? Ne pouvant atteindre l'homme, elle s'en prend à la bête : elle met le taureau en interdit, avec défense aux ouvriers possédant une vache de la conduire à ce taureau (2)!

Passons sur les faits de violence brutale — parfois mortelle — exercés contre des ouvriers non grévistes, passons sur les renvois, imposés aux patrons, d'ouvriers in-

---

1. Grève de Revin (Ardennes), 1892.
2. Le fait s'est passé à Thilay (Ardennes), même année.

soumis aux Syndicats ouvriers, désormais chassés de tous les ateliers.

L'histoire de ces hommes qui ne peuvent plus ni se montrer, ni aller au cabaret, ni se faire tondre ou raser, l'histoire de ce taureau mis à l'index, ces menus faits, qui révolutionnent toute la population d'une commune, n'établissent-ils pas à quels ridicules et dangereux excès de pouvoir se laissent entraîner les Chambres Syndicales?...

Rien n'est moins humain, rien n'est moins respectueux des droits innés de l'individu : c'est l'abus de la force dans toute sa plénitude, c'est l'autoritarisme dans ce qu'il a de plus exécrable — son ingérence dans la vie privée avec la monopolistation du droit au travail, c'est l'erreur fondamentale des sociétés mal organisées, la violation flagrante du droit imprescriptible des minorités, en un mot, c'est la négation même de la liberté individuelle — le joug de la Force organisée substitué au joug de l'Etat-Providence !

Mais, si, philosophiquement, les syndicats professionnels ont tort d'user de telles pratiques, politiquement, hélas! ils ont absolument raison : ils n'ont autant entrepris contre le patronat, ils n'ont obtenu sur lui autant de victoires, que par la vigueur de leur discipline et la rigueur de leurs règlements. Si, sous le prétexte humain que leurs femmes et leurs enfants meurent de faim, des ouvriers avaient la faculté de se refuser à faire grève, quand la majorité de leurs camarades s'y sont résolus, quand la justice et le droit le leur commandent, il n'y aurait plus de grève possible, partant pas d'améliorations possibles (1) !

1. La chose est tellement évidente, qu'un publiciste gouvernemental non suspect de tendresse pour le socialisme révolutionnaire, M. Hector Depasse, ancien chef de cabinet de M. Spuller, le constate en ces termes dans son livre sur les *Transformations sociales :*
« Il est par malheur trop certain, écrit-il, que les ou-
« vriers ne sont presque jamais arrivés à une amélio-
« ration de leur sort *que par la grève.* Dans les sta-

Le philosophe les désavoue, le politique les approuve. Prolétaires de tous les pays, unissez-vous!

« tistiques des grèves, on en note à peine un tiers qui
« aient abouti à des résultats immédiatement favora-
« bles aux ouvriers ; mais, d'une façon plus générale
« et plus haute, il est visible que le progrès des clas-
« ses ouvrières s'accomplit par une lutte incessante.
« L'augmentation des salaires, la diminution des heures
« et l'acquisition de nouvelles garanties matérielles et
« morales sont en rapport direct avec l'agitation qui
« s'est déclarée dans les sphères du travail depuis
« vingt-cinq ans. — *Transformations sociales*, pp. 49 et 50.

TROISIÈME PARTIE

L'AVENIR

CHAPITRE PREMIER

LA POLITIQUE ET LES OUVRIERS

Un membre du Parlement se plaignait avec mélancolie de ce que la France ne fît pas assez de politique : le monde bourgeois, qui se prend de froideur pour la politique du moment que la pente des choses le menace dans ses prérogatives presque séculaires de grand électeur, estime, lui, que le peuple des faubourgs en fait trop. Dépossédée de la direction des esprits, la bourgeoisie n'est pas loin de croire que c'est la politique qui énerve et exaspère la classe ouvrière, tandis que l'alcoolisme l'abrutit ou l'affole. La politique étant la résultante des intérêts privés ou généraux, les masses doivent adopter celle qu'elles supposent convenir le mieux à leurs propres intérêts : il serait donc tout naturel que, préoccupées de ceux-ci, elles s'occupassent de celle-là. Or, il ne paraît pas, malgré qu'on en dise, que la politique les ait « gangrenées » au point que l'assure la bourgeoisie.

Qu'on ne crie pas au paradoxe : le faubourg se désintéresse de la politique. Il n'y songe qu'aux époques d'élections, les abstentions de plus en plus nombreuses établissent en quelle infime proportion : la moitié des électeurs ne va pas aux urnes. Serait-ce parce qu'aucun candidat ne représente leurs opinions? comme l'insinuent, au lendemain de la bataille électorale, les partis prudemment restés à l'écart de la lutte, qui attirent à eux les voix non exprimées, d'après ce raisonnement : « Toutes les opinions, sauf la nôtre, sollicitaient le corps électoral; toutes ensemble n'ont réuni que la moitié des voix, d'où il suit que l'autre moitié est avec nous, puisque, comme nous, elle s'est abstenue ! » Sophisme ingénieux, par quoi l'on s'imagine galvaniser des partis sans troupes, en leur attribuant les troupes précisément qui ne veulent être d'aucun parti !

Neutres sont ces troupes, voilà la simple vérité ! Est-ce dégoût, ignorance, indifférence ?... Est-ce l'effet d'une philosophique connaissance des mouvements inutiles, et les neutres, comparant les espérances attendues du suffrage universel aux résultats obtenus, considèrent-ils que le bulletin de vote, vu à travers les faits, sans l'enthousiasme grossissant des rhétoriques tribunitiennes, n'est rien autre qu'un chiffon de papier, qui jamais ne changea rien à la vie courante, inapte à modifier le travail et ses maladies, impuissant à supprimer la misère et ses drames, — fiction merveilleuse inventée pour le besoin des ambitieux non moins que pour la duperie des masses ?... Il entre un peu de tous ces sentiments dans cette indifférence ou ce mépris de la politique qui se manifeste chez tant de travailleurs — pessimistes qui envisagent comme autant de chimères jusqu'aux plus réalisables des améliorations sociales dont la promesse s'efforce vainement de secouer leur apathie.

— Le bonheur de l'ouvrier ?... C'est des boniments d'atelier ! L'ouvrier de 1830 ! L'ouvrier de 1848 ! Et tu crois, toi, à ces balivernes ? Tu te *goures*, mon vieux ! Plus souvent que j'irai me faire casser la gueule pour des pékins !...

Si, il ira. Voter, plus ; se battre, toujours ! Peut-être sans l'emballement de ses aînés, sans la foi naïve qui les lançait aux barricades. Et pas le premier jour ! Après réflexion, après s'être assuré que l'action est engagée *pour le bon motif :* si désillusionné qu'il soit — ou parce que désillusionné, et désespéré ! — le vrai faubourien ne fuit jamais l'odeur de la poudre.

Quant à la politique pure, il en est revenu.

Ce sont les cercles d'études, les sociétés ouvrières, les comités de quartier, les organisations des partis — avec leurs réunions périodiques, leurs conférences, leur propagande dans les ateliers, — qui entretiennent l'agitation politique, qui recrutent des adhérents, des électeurs, habiles à lutter contre la torpeur de la masse en l'aguichant par les rivalités de personnes et l'aiguillon des vanités surexcitées.

On a dit que les marchands de vin constituent les meilleurs agents de propagande électorale. Et il est certain, s'ils veulent s'en mêler, que leur continuelle fréquentation des électeurs leur confère une certaine influence sur eux. Mais les comités en ont davantage. Ils sont les maîtres tout puissants, sous leur bannière s'enrégimentent les forces électorales du quartier. Aucun *comitard* n'oserait enfreindre le mot d'ordre donné par les commissions exécutives; ce mot d'ordre est admirablement respecté.

La force des comités triomphe, heureusement pour les partis révolutionnaires, de la jalousie inhérente à trop d'individus. Comme chez les bourgeois, l'ouvrier voit d'un œil jaloux tout homme qui s'élève, sans s'inquiéter de savoir si son travail, son intelligence, son dévouement, ne l'ont pas poussé plus que l'intrigue et l'ambition.

Un jour d'élection au Conseil municipal, après le résultat :

— Elu, Untel, candidat socialiste révolutionnaire.

— Ah! le malin, en voilà un qui a fait son affaire!

— Pour sûr! il ne gagnait pas quatre francs par jour; maintenant, il a cinq cents francs par mois. C'est de la chance tout de même!

— Qu'est-ce qu'il est de plus que nous? Est-ce qu'il sait quelque chose? Moi aussi, je pourrais bien être conseiller municipal.

— Je t'crois! Pas besoin d'être savant pour toucher des pots-de-vin!

Cette scène pénible, écœurante, dont les acteurs étaient les camarades mêmes de l'homme ainsi déchiré, bafoué, pour qui tout les premiers ils avaient voté, mais qu'ils commençaient déjà à « lâcher » parce qu'il réussissait... avec leur concours! je l'ai vu se répéter chaque fois qu'un ouvrier arrivait à quelque chose. Je me souviens surtout de la façon cruelle dont fut accueillie la candidature à la Chambre d'un ancien membre de la Commune, ancien député, qui sollicitait de nouveau les suffrages des électeurs :

— Toujours les mêmes, alors! Il ne se trouve pas assez riche, ce bouffe-galette!

— Il est donc riche?

— Bien sûr! A des centaines de mille francs.

Le candidat auquel on reprochait ses

18.

richesses était un ouvrier à qui la politique avait fait perdre son travail, qui élevait cinq enfants, qui depuis dix ans se débattait dans la misère !... Ce n'est pas seulement la division qui annihile la classe ouvrière, c'est la jalousie...

Et aussi l'infatuation de quelques-uns, les prétentions de braves gens tournés à l'homme fort depuis certaines lectures, certaines fréquentations. Ici, la vanité ajoute à la jalousie un piment d'orgueil étroit qui resserre l'intelligence, qui exalte l'imagination au delà de la raison. Tel ouvrier pour avoir mal compris, mal digéré un livre acheté à l'étalage d'un bouquiniste (j'en ai vu un apprendre par cœur, pourquoi? un vieux fatras de médecine du XVIIIe siècle, par lui trouvé sur les quais), se met à disserter de tout et sur tout, n'admettant pas que l'on se permette de soupçonner sa compétence, de relever ses erreurs.

Autant il est intéressant d'écouter l'ouvrier intelligent, qui cherche à s'expliquer le pourquoi des choses, pourquoi il désire telles réformes, tels changements, et il faut se persuader que celui-là fera école, autant on éprouve de malaise à suivre les prétentieux discours de l'ouvrier qui croit tout savoir, qui veut tout prouver, arrêtant les objections par cette interruption sans réplique :

— Parce que je suis ouvrier, est-ce que j'en vaux pas un autre?

Des fois, il y a de quoi rire.

On avait mis sur le tapis les orateurs socialistes. Des habitués de réunions publiques vantaient l'éloquence de M. Millerand, de M. Jules Guesde.

— Eh bien! entre eux tous, vous m'entendez? interrompit un citoyen jusque-là resté silencieux, entre tous, pas un n'oserait garder la tribune si je m'y présentais.

— Faut le faire, alors!

— Avec ça que je me suis gêné! Il y a

deux ans, à un meeting, j'ai dit mes idées au citoyen Millerand : il m'a répondu que j'étais trop fort pour lui!

Henri Rochefort est en cause. Des ouvriers attaquent le proscrit, d'autres le défendent : y en a-t-il comme lui pour dire ses vérités au gouvernement? Il ne mâche pas ses mots, celui-là! il en dit de bien bonnes, mais où prend-il tout ce qu'il écrit, ce diable d'homme? etc... Quelqu'un se lève, me frappe sur l'épaule et, à voix basse :

— Voyez-vous! patron, Rochefort, vous le lisez, hein? eh bien! ce n'est rien à côté de moi. Si je voulais, tous les matins les Parisiens seraient terrifiés. On parle de lui, de Voltaire. Peuh!

Je le regardai : il était sérieux!

A côté de ces énormités, trop fréquentes, hélas! on rencontre des intelligences d'une lucidité, d'un éclat surprenant. En prenant leur absinthe, sur le comptoir, deux ouvriers, expliquant leurs préférences pour deux journalistes libertaires des plus connus, me désarticulèrent le talent de ces écrivains avec un à-propos, une sûreté de jugement, que leur eût enviés plus d'un critique, les comparant l'un à l'autre, faisant exactement ressortir leurs qualités et leurs défauts, et cela sans pose, modestement, aussi facilement qu'ils eussent accompli leur besogne coutumière.

Ce serait folie que de prétendre demander à tous les ouvriers le même degré d'intelligence et d'instruction. Les générations montantes leur apporteront heureusement des esprits tout aussi développés, avec des ouvertures sur toutes choses, un savoir peut-être mal digéré, encore incompréhensible pour beaucoup qui n'auront pu apprendre que machinalement, mais ces premières notions ne seront-elles point préférables à l'ignorance totale ?... Pour l'instant, la sottise est maîtresse en beaucoup de jugements. Avec son grand fonds de crédulité native, l'ouvrier, devenu, par les circonstances, méfiant à l'égard de qui est au-dessus de lui, est entraîné aux suppositions les plus malveillantes, en outre disposé à croire vraies les calomnies les plus invraisemblables. Ainsi, les journaux lui sont particulièrement devenus suspects, mais il suffit que l'un d'eux se fasse, sans preuves! l'écho d'un scandale touchant *les grands* pour que, sur ce point, lui soit accordée la confiance la plus absolue. On peut juger par là, en écartant les divulgations justifiées sur les compromissions, les concussions parlementaires, tout ce que l'on a imputé aux députés, après le boulangisme et le Panama. Que ces messieurs se persuadent bien de ceci : si, par un dernier vestige de respect irraisonné pour tout ce qui fait partie du Pouvoir, leur fonction en impose encore, par contre leur personne ne jouit point de la même faveur. C'est qu'aussi quelques-uns d'entre eux ont donné trop

beau jeu à la déconsidération publique.
Maintenant, les confondant tous dans la
même réprobation, on les croit capables de
tout. Témoin cet ouvrier qui, discutant avec
des camarades à propos des amendes applicables aux mécaniciens des chemins de fer
en cas de retard des trains, affirmait ceci —
parce qu'il en était convaincu :

— C'est encore nos députés qui ont voté
cette loi... pour mettre le montant des
amendes dans leur poche !!!

Ahuris, ses camarades le voulurent détromper : impossible ! cela était entré dans
sa tête pour n'en plus sortir.

... La crédulité des foules, quel appoint
pour les partis avancés !... Vanité et jalousie, c'est la contre-partie. A cette plaie, il y a
un baume : l'esprit frondeur de la race. Le
plaisir de faire échec au gouvernement
engage à bien des choses. Depuis un siècle,
les partis d'opposition n'ont cessé de profiter
de cette disposition innée : c'est une grande
force qui leur est acquise pour longtemps.

CHAPITRE II

LES RÉUNIONS PUBLIQUES. LA SALLE FAVIÉ

Quelque détaché qu'il soit de la politique, l'ouvrier reste très friand des réunions publiques : il aime les beaux parleurs. Mais, en plus des discours que parfois il savoure en artiste, il lui faut aujourd'hui l'attrait du danger, l'imprévu de la bagarre, le spectacle des orateurs aux prises avec la foule hurlante montrant le poing. Un homme qui se débat sous le flot des injures, des interruptions, qui s'affole sous les huées, quelle partie de plaisir !... Et quelle joie ! si, pour les ministres, pour les députés, pour la bourgeoisie, l'orateur sait trouver des épithètes caricaturales, des injures dégradantes, des menaces inouïes : plus son langage est violent, plus on l'applaudit.

Tous ceux qui applaudissent ne partagent pas l'opinion de celui qui parle. Tous ceux qui sifflent, et qui crient, et qui huent, n'ont pas toujours un sentiment de haine contre celui qui succombe. La plupart (sauf les hommes enrôlés à tant par tête pour soutenir ou combattre l'orateur), de braves gens, venus les mains dans les poches, après avoir tranquillement avalé leur soupe, en spectateurs qui se promettent de compter les coups et de s'amuser. C'est l'atmosphère enfièvrant ces tragi-bouffonneries qui les transforme en acteurs. Voyez au vote de l'ordre du jour. Combien lèvent la main ?... Cent sur mille ! Les neuf cents autres s'en sont allés dès la fin des discours en se félicitant d'avoir assisté à une pareille soirée d'*engueulement.*

Symptôme effrayant pour les démagogues, non moins que pour les idoles du peuple !

La tribune aux harangues vacille, compromise par le boulangisme, qui a perfectionné, et c'est le plus durable souvenir de son passage, l'art d'organiser le *chahut* dans les réunions publiques, sapée par les « compagnons », qui enseignèrent au peuple à marteler les coups de gueule avec les coups de poing. Système de pugilats depuis trouvé excellent par des faiseurs de réunions — qui ne sont pas anarchistes ! Liberté de la tribune !...

Comme si elle était promise à une fin prochaine, destinée à suivre dans sa mort la liberté de la presse, offerte en holocauste aux régimes déchus par les républicains repentis, les salles où elle s'affirma se mettent à disparaître les unes après les autres. Et Lévis, et Graffard, et La Redoute !... Et Favié, debout encore, mais déjà marquée pour la pioche des démolisseurs, Favié, l'une des plus anciennes, longtemps le rendez-vous des orateurs révolutionnaires, qui demain cédera la place à une maison de rapport, telle la salle Lévis, à laquelle elle aura survécu à peine quelques années.

C'est, rue de Belleville, au numéro 13, une haute et large porte à deux battants que surmonte, depuis de longs mois, une bande de calicot où se détachent ces mots :

A louer, pour commerce ou industrie.
Vaste salle d'une superficie de 1.100 mètres.

Inscription banale à coup sûr, qui ne dit rien au passant, malgré que si suggestive, si fertile en souvenirs !

Les nouvelles générations ne connaissent la salle Favié que comme lieu de réunion publique ; mais, dès longtemps, elle avait acquis une notoriété d'un autre genre près des Parisiens curieux et qui s'amusent, très courue pour ses bals populaires, bals pittoresques, vivants, où brillèrent chicards et débardeurs, filles du peuple et danseuses célèbres, telle Mogador, où triompha, suivi de sa bande échevelée, lord Seymour, dit « Milord l'Arsouille ».

Ce fut en 1830 que le « père Favié » fonda le bal qui porte son nom. A cette époque, Belleville était encore un village des plus riants, agrémenté de maisons de campagne perdues en un fouillis de verdures, de jardinets, plein de bosquets attrayants qu'ornaient les liserons et les soldanelles, de bruyantes guinguettes, envahies, le samedi soir et le dimanche, par la foule des Parisiens, qui venaient rire, danser en ce petit paradis tout de joie et de plaisance. La rue de Paris (nom donné, en 1814, à la rue de la Montagne, devenue rue de Belleville en 1860), était le rendez-vous général. On y trouvait quantité de plaisirs, de divertissements de toutes sortes, quantité de bals en plein air ou installés dans des salles de très primitive ornementation. Homme avisé, pratique, M. Favié, pour attirer le public, fit élever, sur l'emplacement d'une guinguette, une immense salle mieux aménagée (c'est celle dont la disparition est annoncée), vaste quadrilatère pouvant contenir plus de trois mille personnes, qui, paraît-il, n'a subi aucune modification depuis 1830, sauf l'installation d'un café derrière la salle, et la reconstruction, il y a vingt-cinq ans, de la maison de façade, qui était alors une bâtisse de commune apparence.

Le bal Favié fut rapidement achalandé. On y accourait en foule. Les bandes joyeuses qui se rendaient à l'île d'Amour ne manquaient pas de paraître ensuite au nouveau bal. Sa vogue balança bientôt celle des bals Boiteuzet, du Sauvage, mais surtout la réputation de l'ancien et fameux bal Dènoyez, placé en face Favié, là même où, aujourd'hui, est situé le concert des Folies-Belleville. Débardeurs et contrebandiers, ouvriers et jeunes gens, commis et grisettes de la ville s'y coudoyaient fraternellement autour des saladiers de vin. Pourtant, me disait un vieux Bellevillois qui s'y aventura en 1842, il était dangereux pour des gens « trop bien mis » de s'y égarer : on les montrait du doigt, prêt à leur faire un mauvais parti.

Pareillement au salon Dénoyez, le bal Favié était, au mercredi des Cendres, le quartier général des déguisés, des *fêtards* : ils s'y réunissaient pour former le cortège de la Courtille.

Milord l'Arsouille en tête, le monde de la noce effectuait la « descente de la Courtille », les voitures chargées de femmes et de leurs cavaliers partant de chez Favié pour faire le tour de Belleville au milieu des quolibets, des cris d'une foule follement enthousiaste. Ce spectacle a été mis à la scène dans une pièce jouée vers 1835, les *Deux Faubouriens*, dont le *clou*, qui décida le succès, était la vue de la salle Favié, avec l'acteur Taillade haranguant la foule à côté de son camarade Lacressonnière. Proche la salle Favié habitèrent Déjazet, Mélingue, Geoffroy, du Palais-Royal, d'autres encore.

Sous l'Empire, le bal Favié atteint son apogée. Il était alors assez bien fréquenté. Les ouvriers y allaient volontiers en famille se délasser de leur travail; le monde des souteneurs et des filles publiques ne s'y trouvait pas en nombre dominant, comme dans ces dernières années. Le bal était bien tenu. A part les disputes inévitables en ces réunions, point de bagarres sanglantes, pas de tumulte dangereux. Aussi bien, si quelque danseur troublait la fête, le père Favié qui connaissait et tutoyait tout le monde, prenait l'instrus par l'épaule, le sortait lui-même, aidé souvent par la mère Favié, une brave et forte femme, qui intervenait dans la bagarre sans craindre de *faire* le coup de poing.

S'étant enrichi sous le régime impérial,

le père Faviè refusa absolument de prêter sa salle aux orateurs de l'opposition : « Je me f..., disait-il, de la politique. L'Empire m'a enrichi. Allez débiter vos sornettes ailleurs. » Et, en effet, ce fut en face, à la salle Dénoyez, que Gambetta, Flourens, Vallès, etc., prononcèrent, en 1869, la plupart de leurs discours. Mais, sous la Commune, le père Faviè dut prêter sa salle malgré lui. On y entendit alors Jules Vallès (installé à demeure dans une maison voisine), Amilcare Cipriani, Ranvier, Ferré, Rochefort, Allix, etc. Le 18 mars, au matin, la famille Faviè eut la douleur de voir une barricade, défendue par deux pièces de douze, se dresser en avant de la fameuse salle, barrant la rue de Belleville au-dessous des rues Dénoyez et Vincent.

A la mort du père Faviè, survenue à cette époque, M. Baluze, à la fois son gendre et son chef d'orchestre, recueillit la succession. Mais les beaux jours étaient passés.

Une période nouvelle commençait : celle des réunions publiques et des bals crapuleux. Peu à peu, les ouvriers y fréquentèrent de moins en moins. Ce devint le rendez-vous des souteneurs, des filles publiques de bas étage; leur présence contribua à faire perdre au bal Favié sa vogue et sa réputation d'autre fois. Et c'est à peine si les habitants du quartier y venaient les jours de bals masqués pour voir entrer les travestis. On dansait les dimanche, lundi, jeudi et samedi. « Bal sans rétribution », était-il écrit sur la porte, le prix des danses ayant été supprimé. Mais il fallait consommer. Les garçons, ayant les morceaux de sucre dans leur poche, les distribuaient aux buveurs, qui savouraient avec délices

> Le saladier de vin avec sucre fondu,

comme eût écrit François Coppée.

Le bal Favié fut un champ d'observation

cher à plusieurs artistes. Deux d'entre eux surtout s'y rendirent fréquemment : le dessinateur André Gill et le poète Jean Dolent. Celui-ci utilisa, dans *Amoureux d'art*, en les transposant, plusieurs de ses observations, tandis que son ami André Gill, qui, à chacune de ses visites, notait en deux ou trois traits rapides un geste, une attitude, une physionomie, enrichissait de ces croquis ses inoubliables caricatures.

Mais Gill, et on peut le regretter, ne connut pas les habitués de la salle Favié aux jours des réunions publiques. On y voyait alors le ban et l'arrière-ban des partis avancés. Citer des noms serait impossible : depuis Louise Michel jusqu'au citoyen Allemane, depuis M. Vaillant jusqu'au compagnon Georges, lequel des orateurs socialistes ou anarchistes, ne s'y est pas fait entendre? Les réunions publiques succédaient aux réunions publiques, les meetings aux meetings, alternant soit avec un match de billard, soit avec des concerts au bénéfice d'artistes dramatiques, et tout le personnel révolutionnaire défilait sans laisser de souvenir bien curieux.

Le seul souvenir intéressant — mais celui-ci, tragique! — que l'on ait gardé de ces réunions, sans parler du bal monstre donné le 18 février 1888 par les révolutionnaires, en protestation contre les bals de l'Hôtel-de-Ville, concerne la mort du général Eudes. Le dimanche 5 août 1888, les blanquistes avaient organisé une grande réunion motivée par les grèves des terrassiers et des verriers. La réunion ouverte à trois heures et demie, Eudes, ancien général de la Commune, en fut nommé président. Il monta à la tribune, prit la parole, prononça un discours des plus violents, s'écriant : « Honte aux riches! Honte aux traîtres! Honte à la bourgeoi... » Il ne put achever le mot : on le vit tomber sur le pupitre, les bras en avant, la tête sur la carafe d'eau. Ses amis s'empressèrent de l'emporter dans le jardin situé derrière la salle; le docteur Susini lui prodigua ses soins. Vainement : il était mort. La réunion fut levée aux cris de : Vengeance ! Vive la Commune ! » et le cadavre d'Eudes fut emporté dans une voiture, des ambulances urbaines.

L'une des dernières réunions tenues à la salle Favié a eu lieu le 11 août 1893. Elle était provoquée par le comité de la grève générale. Vingt orateurs socialistes et anarchistes y prirent successivement la parole.

Désormais, la salle Favié sera fermée à l'éloquence révolutionnaire. Le bal ne donnait plus à peu près aucun bénéfice. Quant aux réunions publiques, pour lesquelles les organisateurs devaient payer 50 francs de location, elles se terminaient souvent par des bagarres qui se soldaient par plus de 200 francs de dégâts.

Ce n'est pas seulement les propriétaires des immeubles où se tiennent les réunions publiques, qui se découragent devant les nouvelles mœurs de la tribune. L'ouvrier, lui, s'en réjouit, parce qu'il y trouve son plaisir, mais les partisans de la liberté de la parole s'en affligent, et l'homme paisible, le pacifique *petit bourgeois*, s'éloigne avec effroi de ces salles tumultueuses où il pense qu'il n'y a que des coups à recevoir, désagréable perspective qui refroidit l'intérêt qu'il porte aux affaires de son pays !

CHAPITRE III

OUVRIERS ET PETITS BOURGEOIS.

Petits bourgeois!...
Sauf l'impertinence dédaigneuse dont elle se pare, sauf cette affectation de supériorité qui sent son parvenu, quelle dénomination caractériserait mieux cette classe intermédiaire de la société, qui, sortie du peuple, s'efforce de l'oublier, rejetant la blouse, méprisant les métiers manuels, déformant ses mœurs originelles en croyant les corriger, avec quelles pitoyables gaucheries! — classe située dans la hiérarchie sociale tout juste un degré au-dessus du prolétariat, et qui, malgré qu'elle y prétende, ne végète encore qu'en marge de la bourgeoisie, jusqu'à ce que les circonstan-

ces aient prononcé le *Dignus es intrare*. De la bourgeoisie, elle ne possède ni l'aisance, ni l'indépendance, ni l'autorité prépondérante dans la direction des affaires du pays, pas plus que ces apparences de traditions voltairiennes et frondeuses par où les bourgeois cossus en imposent aux simples, en vérité toutes qualités d'état uniquement acquises par droit de conquête, mais dont il serait puéril de nier l'utilité contingente, puisque elles forment l'ensemble des conditions actuellement requises pour la gérance de la fortune publique, c'est-à-dire ce que l'on appelle l'exercice du Pouvoir. Indécise, instable, incertaine, non! cette classe bâtarde n'est point partie intégrante de la bourgeoisie. Et, pourtant, ses allures déjà importantes, ses désirs d'ascension, les rêves de fortune, les ambitions de place de la plupart des siens, enfin cette commune démangeaison d'*arriver* qui, en bas comme en haut, entraîne le vulgaire à tant de sottises et d'erreurs, tout concourt, par *le devenir*, à lui créer un état d'âme *bourgeois* qui la rapproche davantage du patronat que du prolétariat. Bourgeois, non pas! Petits bourgeois, certes! En ne prêtant à la comparaison que ce qu'elle exprime des sentiments intimes de cette classe, on pourrait l'assimiler à la chenille sur le point de se transformer en papillon, et en dire qu'elle est la larve de la bourgeoisie.

Comment le papillon aimerait-il la chenille?

Comment la larve ambitieuse qui espère les ailes du papillon aimerait-elle la vilaine chenille qui ne sait que ramper et ronger?

Et le petit bourgeois de nourrir contre l'ouvrier une sorte de répulsion d'autant plus forte que le bourgeron paternel est moins loin de ses yeux. Ecoutez-le se plaindre de la cherté des vivres ou du ralentissement des affaires. Rarement il ose en accuser l'égoïsme des ploutocrates, la rapacité des

accapareurs, l'incapacité des gouvernants.
Toujours il s'en prend aux ouvriers, il blâme leurs exigences, il souhaite un maître
pour mater leur esprit de révolte, et ce fils
de travailleur se désole aux revendications
des travailleurs, soupirant : « Il n'y a plus
d'ouvriers! » Chez les femmes, cette répulsion emprunte à leur exagération habituelle
un ton comique. Que de petites bourgeoises qui se croient de « grandes dames »
parce qu'elles affectent une aversion profonde pour les ouvriers! Combien, en grosse
peur de *la basse classe* — ainsi disent-elles!
— se garderaient de risquer leur chétive
personne dans les faubourgs, et même qui ne
peuvent entendre louer les ouvriers sans s'écrier, avec des minauderies plus grotesques
qu'aristocratiques : « Quelle horreur!... »

Entre ces petits bourgeois et les ouvriers,
la question souvent se pose de savoir s'il y
a antagonisme. Sentiments à part, cela revient à se demander si les revendications

20.

des seconds s'accordent avec les aspirations des premiers.

Tous les deux, l'ouvrier et le petit bourgeois, sont naturellement amenés, autant par un instinct d'amélioration que par l'aiguillon de la lutte pour la vie, à envier un sort plus heureux que celui dans lequel les plaça la naissance. Chacun d'eux aspire à monter. Mais dans quel but, dans quelles proportions, jusqu'où?... C'est le point de divergence, où l'on voit nos deux mécontents, lancés à la recherche du bonheur en un même sentiment d'affranchissement, se bifurquer — l'un sapant la bourgeoisie pour l'abaisser jusqu'à lui, l'autre l'escaladant pour s'élever jusqu'à elle.

Employé, petit commerçant, fonctionnaire subalterne, le petit bourgeois s'achemine vers une amélioration de sa situation personnelle, sans poursuivre un changement par quoi soit modifiée, pareillement et au même jour, la situation de ses égaux. Il

peut gémir des misères communes, il les
peut déplorer avec l'évidente sincérité d'en
désirer la fin. Mais l'égoïsme humain le
mène, et l'on apprend dans le courant de la
vie que certains hommes ne connaissent
pas de meilleur moyen de faire le bonheur
de leurs semblables que de commencer par
assurer le leur même. Soit donc que l'espoir de gains plus considérables tende sa
volonté à élargir son négoce, soit que la
position pacifique et bien assise des ronds-
de-cuir fixe le maximum de ses efforts à
gravir les échelons des bureaucraties, soit
enfin que, plus ambitieux de ce qui brille
que de ce qui reluit, il sacrifie les sûrs revenus des emplois inférieurs aux incertains
bénéfices des carrières libérales, l'indépendance des médiocrités heureuses à l'enrégimentement dans les fonctions estampillées
par l'État, — le petit bourgeois en tout vise
à cette chose unique : s'élever au-dessus de
sa condition présente, par conséquent au-

dessus de ses égaux, et cela l'amène à mettre en pratique la théorie du « chacun pour soi ».

Moins libre de ses mouvements parce que son instruction rudimentaire favorise peu en lui l'esprit d'initiative, moins apte aux projets à longue échéance parce que la même tâche bornée de chaque jour restreint ses horizons au salaire quotidien, moins souple et moins ambitieux parce que la continuité d'un travail manuel déprimant le rend forcément plus brutal, plus terre à terre, l'ouvrier saurait-il être autrement qu'opposé d'intentions et de moyens au petit bourgeois ?

Augmentation de salaire, participation aux bénéfices du patron, retraite pour la vieillesse, ses rêves dépassent-ils l'espoir de ces améliorations capitales ? Et, encore que parfois il défaille ou s'insurge, n'est-il pas à peu près persuadé, depuis Proudhon, que, seule, l'union lui en facilitera la réalisation ? Ainsi, privé des moyens d'expansion qui appartiennent en propre au petit bourgeois, limitant son ambition à modifier les conditions de son gagne-pain — sans oser songer à se libérer de l'atelier, se sachant trop faible pour atteindre isolément le but de ses efforts, l'ouvrier, ennemi-né de l'invidualisme, soumet les droits de chacun aux intérêts de tous. A l'action personnelle du petit bourgeois, il oppose l'action collective de toutes les forces ouvrières, désormais fondues « en un parti, en une classe » : le prolétariat un et indivisible.

Les revendications du prolétariat s'accommodent-elles de l'organisation sociale avec laquelle nous essayons de vivre?... Il serait ironique d'insister. Sans évoquer la vision d'un bouleversement général, perspective qui déplait aux pusillanimes, il est indéniable que ces revendications suggèrent aux uns l'espérance, aux autres la crainte d'une transformation sociale au moins partielle, dont la bourgeoisie ferait tous les frais. En est-il de même des aspirations du petit bourgeois ? Non, sans doute, puisque ces aspirations portent précisément le petit bourgeois à désirer de se faire une place dans cette même bourgeoisie, et que, loin d'en attaquer les intérêts conservateurs, ayant pour tout but de se les assimiler, logiquement il les doit épouser.

De cette conflagration d'intérêts entre les ouvriers et les petits bourgeois découle une probabilité d'antagonisme inévitable. Aussi bien, tandis que ceux-là passent, armes et bagages, aux partis révolutionnaires, ceux-ci se resserrent autour du drapeau de la bourgeoisie pour former, avec les paysans, le gros de son armée. Reste à savoir si, à son tour, cette armée ne se laissera pas entamer (d'aucuns assurent que cela commence), si le socialisme, pour ne parler que de lui, qui, habilement, sait toucher le point faible, qui, en vrai parti d'opposition et d'ambition, admet toutes les conversions, profitant, pour le moment, de l'esprit de haine ou de vengeance dont sont animés certains bourgeois déclassés ou seulement turbulents, si le socialisme ne triomphera pas, là aussi, des sentiments individuels, en déchirant aux yeux des intéressés le voile déjà si échancré des misères bourgeoises.

Ce que sont ces misères bourgeoises, d'autres l'ont dit (1), qui peut-être eurent le tort de les vouloir peindre plus poignantes, plus lamentables que les misères ouvrières. Jadis, les fonctionnaires de l'ordre judiciaire ou administratif ne prétendaient qu'à l'honneur. Aujourd'hui qu'ils songent au profit, il est incontestable qu'avec ses dix-huit cents ou ses deux mille francs d'appointements annuels, un conseiller de préfecture, un substitut n'a guère le loisir de faire figure dans les salons du chef-lieu. La bourgeoisie,

1. Georges Duval : *Les Misères bourgeoises.*

dit-on, n'a cure de cette pénurie, et c'est le cœur léger qu'elle laisse s'enliser dans la détresse les principaux pivots de sa puissance actuelle, magistrats, officiers, professeurs. Semblable à cet homme d'État dont le principe était de réserver toutes les faveurs officielles aux adversaires de son gouvernement, sous prétexte que les donner à ses amis devenait inutile puisque l'amitié lui assurait leur concours, la bourgeoisie dans le même esprit délaisse ses premiers soutiens, sous la raison spécieuse qu'ils n'existent que par elle et pour elle. Viendra sans doute un temps où elle déchantera !

Que si l'on agitait aux yeux du petit bourgeois le spectre de sa propre misère, ne devrait-on pas espérer que la comparaison de sa situation avec celle de l'ouvrier, au lieu de les animer l'un contre l'autre, réunirait plutôt leurs plaintes respectives dans un même élan de revendications? A tout prendre, c'est moins des chiffres que des sentiments que naît l'antagonisme. Or, le petit employé gagne moins que l'ouvrier, mais, au prix du salaire de celui-ci, il ne changerait pas son chapeau fatigué contre la casquette du travailleur : en lui, déjà, coule un ferment de vanité d'où il tire l'idée d'une supériorité sociale. Il n'y a pas qu'une seule aristocratie! Eux aussi, les petits bourgeois, prétendent former leur caste, — caste vaine, et fière, et orgueilleuse. De la voir virevolter à ses côtés, dans une suffisance pleine d'elle-même, cela agace, cela indispose l'ouvrier. Devant les derniers représentants de la vieille noblesse, devant les favorisés de la fortune, les détenteurs du pouvoir, il se courbe ou s'encolère; mais il ricane, il hausse les épaules devant l'aristocratie des saute-ruisseau, n'ayant pour elle que du mépris.

Pour terminer ce court parallèle entre le quatrième état et ceux... qui s'en sont évadés, je ne résiste pas à la tentation de citer une rapide anecdote qui marquera exactement la nature des sentiments réciproques des deux parties.

Deux petites bourgeoises de mince apparence, le visage maladroitement fardé de la bouche aux yeux, trottaient menu sur un boulevard, quand, brusquement, au détour d'une rue, apparurent trois ouvriers en tenue de travail. Poliment, ceux-ci allaient s'effacer, lorsque, les lèvres pincées, la joue écarlate, les deux jeunes femmes firent un grand détour, avec l'intention manifeste d'éviter un pareil contact.

— Ben, quoi? fit l'un, tout interloqué de ce mouvement imprévu.

— Tu ne vois pas que c'est des duchesses !

— Duchesses ? Duchesses?... Duchesses de mon c..!

Et le mot, lancé à pleine voix, alla cingler les deux petites bourgeoises... plus écarlates que jamais.

CHAPITRE IV

DES IDÉES MAL DÉFINIES FLOTTENT VAGUEMENT...

Des idées mal définies flottent vaguement. L'aspect formidable de certains procès; l'existence étrange, mystérieuse, des accusés; ce que racontent les journaux; les réponses que font aux présidents de Cour d'assises les auteurs des attentats anarchistes; les légendes, le bourreau, cette allure de romans à la Rocambole, tout cela aboutit à un sentiment irréfléchi qui trouble la classe ouvrière, instinctivement si disposée à prendre parti contre la police pour ceux qu'elle traque. La classe ouvrière a l'effroi de tout individu qui représente une parcelle de l'Autorité, parce qu'elle croit toujours au

Bon Plaisir, parce qu'elle doute de la Loi, mais, plus que tout, elle redoute cette chose ténébreuse : la Police ! Les ennemis de celle-ci sont ses amis, quels qu'ils soient. Sans les connaître, elle les applaudit, les approuvant de la combattre, de la mystifier, les absolvant du reste, surtout s'ils se présentent à elle en bons Justiciers.

. . . .

Avant les éclats retentissants de la propagande par le fait, les hauts fonctionnaires du ministère de l'Intérieur se moquaient de leurs collègues de l'Administration départementale qui, si naïvement ! croyaient à l'existence du parti anarchiste et en signalaient, déjà apeurés, le développement progressif dans leurs provinces respectives. C'est ainsi que, en retour d'un rapport documenté sur l'organisation de ce parti dans l'une des régions les plus travaillées par les *compagnons*, un préfet reçut cette réponse à peu près textuelle : « Le ministère de l'In-

térieur est au courant des faits et gestes des
anarchistes. L'innocuité de ces individus
nous est assurée par ce que nous savons des
relations qu'ils entretiennent avec les commissaires spéciaux de police. Leur but étant
de nous soutirer le plus d'argent possible,
pas n'est besoin de s'arrêter à leurs menaces vaines. Nous connaissons ces hommes :
ils sont sans danger ! » Ayant reçu la visite
réitérée de quelques *estampeurs* anarchistes, la place Beauvau était en effet persuadée que l'Anarchie comprenait uniquement
des agents provocateurs et des chevaliers
d'industrie faisant les yeux doux à la caisse
des fonds secrets. Illusion qui persistait
après Ravachol! Pour la dissiper, il fallut
l'attentat de Vaillant. Depuis, par un excès
contraire, la place Beauvau, loin de mépriser, comme autrefois, les fonctionnaires
qui lui adressent rapport sur rapport au
sujet de l'Anarchie et de ses adeptes, n'accorde sa confiance et ses faveurs qu'à eux

seuls : les préfets qui ont le malheur de ne pouvoir signaler dans leur département pas le moindre petit groupe libertaire sont mal considérés !

Les notes générales qui suivent ne se présentent nullement avec l'intention d'augmenter les documents entassés dans les bureaux de la Sûreté générale : ce serait besogne dont leur auteur, est-il besoin de le dire ? n'a ni le goût, ni le désir ! Que le gouvernement se consacre tout entier à l'œuvre de défense qui lui est dévolue de par la nature même de son institution, de par le rôle de gardien de la propriété qu'il tient du contrat social en vigueur ! Mais, tandis qu'appliqué à la répression il mobilise tous les préfets et tous les gendarmes de la République, sera-t-il défendu au passant, curieux de tâter le pouls à l'opinion publique en dehors d'une presse intentionnellement optimiste ou pessimiste, sera-t-il interdit à ce passant inquiet, qui ne demande qu'à se rendre compte, d'observer les effets de la bombe là où tout semble concourir à l'excuser, chez le peuple même, et, réservant par devers lui son jugement, de rapporter simplement ses impressions, avec le seul souci de la vérité, un peu, dirait-on si le mot ne paraissait trop ambitieux, comme un historien, qui constate *ce qui est* — laissant momentanément aux sociologues le soin de rechercher ce qui devrait être?

. . . .

Avancer que le peuple est anarchiste serait exagéré. Au reste, l'anarchie philosophique et scientifique, celle dont se réclamèrent en Cour d'assises les principaux accusés du procès des Trente, lui est inconnue. S'il a lu les feuilles libertaires, ce fut moins pour se pénétrer de leurs théories que pour savourer à sa façon les articles au style singulièrement imagé de certaines d'entre elles.

Tout le succès de l'un de ces journaux vint de l'habileté de son rédacteur, qui eut l'intelligence de parler au peuple sa langue, enrichie des tours et expressions les plus drôlatiques du vocabulaire poissard. Déjà en honneur au temps de la Ligue, rajeunie sous la Révolution par le Père Duchêne, ce genre de littérature est le plus insinuant moyen de propagande pour les partis qui en appellent aux classes souffrantes. Elles se divertissent de ces écrits populaciers, dont les auteurs, sachant l'attrait des gros mots près des esprits vulgaires, s'appliquent à être orduriers. Elles n'y cherchent qu'un amusement provoquant au rire, mais, la feuille jetée, les éclats de rire éteints, l'empreinte subsiste, et des injures prodiguées en un hoquet d'encre rejaillit sur les puissants de la déconsidération — d'où naît, aux jours de colère, de la désaffection agissante (1).

1. Le style du *Père Peinard* atteignait si bien ce résultat, ce journal devenait si redoutable pour les

Rire mène à démolir (1)! Mot profond et trop juste! Les discours passent : le mot drôle reste. Une caricature blesse plus sûrement que les invectives les plus passionnées. Pendant dix ans, les anarchistes ne récoltèrent que le rire. En réunions publiques, même au temps du procès de Lyon (procès Kropotkine, Cyvoct, etc.), on ne les accueillait que comme d'étourdissants fantaisistes s'égayant à émettre les propositions politiques les plus saugrenues. Tous les journaux de l'époque, jusque vers 1887, constatent *le succès de fou rire* remporté par les orateurs anarchistes dans les milieux populaires. Eux, isolés, moqués, ridiculisés, laissaient dire, laissaient faire : rire mène à démolir! Dix ans ne s'étaient pas écoulés

---

hommes qu'il attaquait que, dans un département de l'Est, les chefs du parti socialiste, s'étant attiré son inimitié violente, le mirent en interdit dans la classe ouvrière.

1. Voir l'*Insoumis*, par Jean Dolent.

qu'au rire succédait l'attention : le 11 août 1893, dans un meeting tenu à la salle Favié par le Comité de la grève générale, les orateurs les plus écoutés, les plus applaudis, se trouvaient être des compagnons !

La semence avait germé, épandue qu'elle était en une terre d'une rare fertilité ! L'âpreté de la lutte sociale, le dégoût du parlementarisme, jusqu'aux déceptions que laissa après lui le boulangisme salué comme le chimérique gouvernement qui devait faire le bonheur du peuple, — et l'affaire Wilson, et les scandales financiers, et les tripotages d'une Chambre à tort ou à raison tout entière compromise dans l'opinion publique par les révélations du Panama, — quinze ans de grèves, quinze ans de désillusions, quinze ans de pourriture, — toute cette agonie purulente d'un siècle avait troublé l'âme du faubourg, infiniment las d'espérer ! Surgirent les compagnons, anathématisant ces temps de décadence, prêchant le retour à l'état de nature, en l'évocation d'un épouvantable cataclysme auquel préludait la bombe, telles les trompettes du Jugement dernier. Alors, devant cette convulsion, les organes de la bourgeoisie se montrèrent étonnamment mesquins et maladroits : ils foudroyèrent l'anarchie qui semait ses pas de *victimes innocentes,* ce qui semblait signifier qu'ils l'excuseraient le jour où elle ferait des *victimes coupables;* ils la voulurent pulvériser au nom de la propriété, et comme le faubourg ne possède pas, il sépara sa cause de celle des possédants. S'ajouta la répression — l'échafaud. Telle la foi des premiers chrétiens triomphant par le martyre, telle, à chaque condamnation qui la frappait en ses disciples, l'Anarchie s'étendait, s'infiltrait. Par les centaines d'arrestations opérées chez les humbles, la répression prenait un caractère de persécution contre les miséreux, et les miséreux se cotisaient pour adoucir, à Mazas, la détention des prévenus

— leurs frères... Et, comme — invinciblement — la sympathie des foules s'en va aux ennemis des sociétés qui les tiennent courbées sous le joug insupportable de la Richesse, les travailleurs, en désarroi de leur détresse, se sentaient attirés vers les anarchistes, dans l'indifférence complète des doctrines et des théories, créant, en une communion d'amertume, de misère, de sombre désespérance, un anarchisme aussi terrible pour les classes dirigeantes que la propagande par le fait des militants : l'anarchisme de sentiment!

. . . .

Exactement huit jours avant l'attentat de Vaillant, un publiciste, qui dès longtemps s'accoutuma à alterner ses stations au boulevard avec de fréquentes visites au faubourg, d'un air détaché annonçait, en un groupe de politiciens incrédules, l'explosion prochaine du Palais-Bourbon. Après le 9 décembre, un de ces politiciens le rencontrant :

— Ah! ça, vous saviez donc quelque chose, vous ! pour être aussi bien informé ?

— Mais non! *C'était dans l'air!*... Allez dans les faubourgs, écoutez ce qui s'y dit, et à l'avenir vous serez moins surpris.

De fait, lorsque, sept heures sonnant, au soir de cette journée historique, quelqu'un, entrant dans l'estaminet, s'écria, *en riant :* « En v'là une nouvelle, l'*aquarium* a sauté! » personne ne parut étonné. On s'y attendait! Il y avait là de nombreux ouvriers — c'était un samedi de paye — sortant de l'atelier, venus prendre *une verte* en passant : aucun ne s'émut, aucun n'eut un mot de commisération.

Mais il plut des quolibets, il plut des injures.... à l'adresse des victimes, avec le regret, à haute voix exprimé, que le nombre n'en fût pas plus élevé : « Carnot devrait décorer celui qui a fait le coup. — C'est un bon bougre, celui-là ! — Ils ne devaient pas être à la noce, les vingt-cinq francs! — Pour ce qu'ils font, autant les supprimer! — Pour sûr! — Ça va leur mettre le feu quelque part, peut-être bien qu'y vont s'occuper de nous? — Oui, pour nous fourrer dedans, les charognards! — Cinquante victimes! En v'là de l'ouvrage mal faite. Sacré maladroit, va! — Y a pas, c'est de rudes hommes, ça, les anarchos! — N'empêche qu'y se font toujours pincer! — T'as raison, y sont pas forts. — En ferais-tu autant, toi? Et puis, c'est pas sûr qu'on le pince, celui-là, s'il s'est en-sauvé! »

Vingt minutes durant, ce feu croisé dura. Le soir, en la salle pleine, comble, on but, on chanta, comme d'habitude. L'attentat était oublié, personne n'en parlait. Seul, un saoûlot voulut y ramener les conversations : « Qu'est-ce que vous en dites, les enfants? ils sont touchés, nos députés. — F.. s-nous la paix, avec tes députés. Qu'est-ce que ça nous f.. t? » Et, pour le jour, il n'en fut plus question.

Mais quand on sut le nom de l'auteur de l'attentat, quand on connut par les journaux son existence de paria — l'abandon de ce bâtard livré à toutes les tentations de la Rue, marchant dans la vie entre le Crime et la Faim, tandis que, en une gentille maisonnette ravissante de verdure, aux treillis enroulés de vignes follettes, érigeant la bonne fumée de ses fourneaux sous le ciel clair de cette région des Ardennes qui réjouit l'œil par la luxuriance de ses riches végétations, grassement vivait le Père, insouciant de ce fils misérable, heureux e respecté, lui ! l'ancien gendarme devenu receveur-buraliste, protégé et nourri par l'Etat, en bon et loyal serviteur, — quand le peuple connut en leurs détails les prodromes de l'acte de Vaillant, alors son cœur fut bien près de l'absoudre.

Aux railleries, aux hâbleries du premier

jour, succéda comme une gêne commune, un sentiment de tristesse dominant toutes préoccupations étrangères.

C'était en plein chômage hivernal. La misère étreignait le faubourg. Pour tous les travailleurs, qui en souffraient mêmement, incertains du lendemain, inquiets du crédit qui fuyait, du travail qui ne venait pas, elle était, cette maudite! elle était la grande coupable, mais aussi l'Excuse!... Et Vaillant, après tout, sortait de leurs rangs. Anarchiste?... Et après? Est-ce que cela importait, les mots?... Ouvrier, oui, tout comme eux, moins patient, exalté. C'était l'affolement qui lui avait suggéré *le mauvais coup*, ce mauvais coup indéfini dont parle tout ouvrier aux heures d'acculement. Parce qu'il l'avait dirigé contre les députés, allait-on le condamner à mort, comme un assassin? Si encore il avait commis tous les crimes de Ravachol, on comprendrait! Mais il était honnête, celui-ci, il n'avait pas l'habitude du vol! Pour la dynamite, c'est la dureté des temps qu'il fallait accuser : est-ce qu'on serait méchant, est-ce qu'on s'en voudrait, si on avait toujours de quoi manger? Quand on n'a pas de pain pour les gosses, bien sûr qu'il y a des moments où l'on voit rouge! Qui sait? peut-être que s'il avait toujours eu du pain pour sa petite Sidonie, Vaillant n'aurait jamais pensé à la bombe !... Pour le mal qu'elle avait fait, cette bombe! ne tuant personne, causant d'uniques dégâts matériels puisque tous les blessés guérissaient, on n'allait pas lui couper le cou, nom de Dieu! Les députés, pour rattraper leur popularité, demanderaient sa grâce ?.... Et Carnot, un brave homme ! sûrement l'accorderait : pitoyable et généreux, il consentait bien à grâcier d'ignobles bandits !...

... Et lorsque, en cette sombre matinée de février, sous les ténèbres d'un ciel lourd de nuages épais, dans une glaciale et noire atmosphère de deuil, la nouvelle se répandit que la société s'était montrée implacable, ce fut dans le faubourg un effarement général, une stupéfaction désolée, avec des cris de colère mêlés de crainte pour l'Avenir, une divination soudaine des vengeances du lendemain, — et dans ces cœurs simples fermés aux savantes machinations de la politique, jugeant l'exécution du matin comme une sanguinaire maladresse du Pouvoir, dans ces cœurs frustes qui cherchaient à se consoler de la mort de Vaillant en s'exaltant mutuellement l'indomptable courage de ses derniers moments, se creusait la fêlure, la fêlure irréparablement élargie par le sang du supplicié..

Désormais, en dépit des perquisitions, des arrestations, on s'entretint de l'Anarchie. Ce qu'elle signifiait, ce qu'elle voulait, le peuple l'ignorait à peu près. Il ne considérait plus les anarchistes que sous un angle spécial, les ramenant tous à Vaillant, et sa

sympathie indéniable pour le guillotiné du
5 février, l'entraînait insensiblement à
approuver — sans savoir — les mystérieuses théories au nom desquelles il ébranla la
voûte du Palais-Bourbon. Dans les âmes,
décidément, Vaillant avait tracé un sillon.
On prononçait le mot de martyre. On se
disputait à son sujet, des colères éclataient,
dans la défense de sa mémoire. Un jour, on
n'eut que le temps de séparer deux consommateurs qui en venaient aux mains : « Bandits ?... Tu oses dire que les anarchistes sont
des bandits ?... Vous entendez, camarades,
ce faux frère qui insulte ceux qui se font
tuer pour nous ! » Devant vingt personnes,
l'autre dut s'expliquer, se rétracter : « Ce
n'était pas de Vaillant qu'il avait parlé,
mais des voleurs qui veulent vivre sans rien
faire sous le prétexte qu'ils sont anarchistes. » La grande question était de savoir
quand et comment Vaillant serait *vengé* :
de cela personne ne doutait, et plus d'un

dit : « Je ne voudrais pas être dans la peau de Carnot ! » Le peuple, qui aime le mystère, qui s'éprend d'autant plus des individus qu'ils lui apparaissent voilés d'une puissance cachée, prêtait aux anarchistes une formidable organisation de société secrète, qu'il supposait être la directrice et la motrice de tous les attentats. *On* allait donc, cela lui semblait aussi certain que naturel, venger Vaillant. Et chacun de se dire : « *Ça va sauter* un de ces matins. Ça ne tardera pas ! »

Ça ne tarda pas : le Café Terminus *sauta...* Pas de grosse joie frondeuse comme au 9 Décembre : des demi-sourires de connivence, l'attitude tranquille de gens non étonnés que se soit produit un évènement attendu, — et un soupir de soulagement. Cependant, un malaise. On en voulait à l'auteur du nouvel attentat. Pourquoi s'en prendre à des individus paisiblement assis en un lieu public ? Sûrement, il y avait là des êtres inoffensifs, ayant leurs misères

propres, irresponsables des misères de la
masse, irresponsables de la mort de Vaillant, de la chasse aux anarchistes. Non,
tuer des innocents, ce n'était pas juste,
c'était compromettre la mémoire de Vaillant... Comment, malgré ces critiques,
malgré ces reproches, et sans effacer les
sentiments de compassion pour ses victimes,
Emile Henry inspira-t-il à son tour une sorte
d'intérêt attachant? On le disait supérieurement intelligent et instruit ; il s'affirmait
vengeur résolu, délicieusement haineux,
suprêmement méprisant, nature cérébrale
et affinée qui, après la vulgarité des anarchistes passés en jugement, après l'exaltation farouche de Vaillant, apportait enfin
une note aristocratique déconcertante pour
la société. A cet intellectuel sorti de la
bourgeoisie, à ce bachelier qui avait jeté
ses diplômes aux orties, le peuple savait gré
de venir rehausser, de tout le prestige de
son esprit magnifiquement doué, une cause

où maintenant il croyait deviner que Vaillant, tout nerfs et tout sentiment, s'était révélé inférieur par l'Idée. La société bourgeoise ne rejetterait plus, avec quel dédain ! la violence barbare de la guerre entreprise contre elle sur l'exacerbation d'une poignée d'ouvriers insuffisamment dégrossis. Ce bachelier, fruit de ses entrailles, ferait tomber le dédain par la force de son savoir, par la précision de son raisonnement aguerri...

Quand il comparut en Cour d'assises, on commenta son interrogatoire, on pesa, on se répéta les moindres de ses mots, avec l'évidente satisfaction de le voir dominer tout et tous : il est peu d'ouvriers, même parmi ceux dont l'endoctrinement socialiste fait des adversaires déterminés de l'Anarchie, qui n'aient lu, relu, médité, la Déclaration d'Emile Henry. Sa mort imprima moins de tristesse aux fronts, elle révolta moins les cœurs que la mort de Vaillant.

On la savait inévitable, personne ne pouvait le sauver : la fatalité le menait, lui et la société ! Elle fut acceptée comme sa délivrance. Mais les femmes, devant cette riche jeunesse jetée au bourreau, songeaient, mélancoliques, angoissées; que d'enfants durent les caresses passionnées de leur mère à cette émotion mystérieuse !.. ce jour. Quand l'acte fut accompli, on dit : « A qui le tour? »

. . . . , ...

Au dédain d'autrefois a succédé la répression sanglante. La société triomphera-t-elle par l'échafaud ?... L'Avenir le dira !

En un livre admirable (1), j'ai noté cette phrase, qui s'applique singulièrement — toutes proportions gardées — au temps présent, car elle résume en une effrayante clarté des faits historiques dont l'analogie avec ce qui se passe de nos jours

---

1. *L'Agonie*, de Jean Lombard.

n'échapperait point à nos politiques, s'ils étaient de vision moins courte :

« ... Obscurément, il se disait que c'étaient
« des Chrétiens qu'il voyait partout. Ils
« avaient une colossale puissance d'expan-
« sion, et tout concours de peuple n'était
« pas sans eux. On avait pu jadis les jeter
« aux bêtes, maintenant on pourrait les
« molester ; grandissant sur le sol de l'em-
« pire, ils pullulaient au point que chaque
« rue, chaque maison comptait son chré-
« tien. »

CONCLUSION

L'ETAT D'AME

L'ÉTAT D'AME

Ai-je bien vu?....

Du fond de mon comptoir, ouvert sur les diverses manifestations de la vie ouvrière, le faubourg m'est apparu comme une vaste maison de verre, dans laquelle souffre et languit, lutte et aime, en plein air, au regard de tous, comme pour être plus directement soumise à l'action des intempéries orageuses, cette laborieuse et triste humanité qui semble autrement constituée parce qu'on ne la juge qu'à travers la grossièreté de ses sensations ou la brutalité de ses impressions — mais, pour être moins délicatement ressentie, la douleur de vivre n'en est-elle pas tout aussi âpre — et déconcertante?

Diderot observait, non sans mélancolie, que « les hommes étant presque les mêmes partout, il faut s'attendre aux mêmes vices et aux mêmes vertus ». Fâcheuse vérité qui s'applique au peuple comme à la bourgeoisie ; il ne paraît ni plus vicieux, ni plus vertueux qu'elle n'est. Tous deux obéissent à la même nature, tous deux sont asservis aux mêmes passions, tous deux souffrent mêmement de la vie. Qui donc condamne les mêmes hommes à un heurt prochain, à une lutte fratricide — fatalement?

Il n'y a plus d'idéal dans les âmes! Les besoins matériels immédiats ont jugulé l'extrême espérance. Ils mènent ce monde, et le rêve des peuples s'acharne exclusivement à la jouissance physique : c'est elle qui règle la totalité des actions humaines. Celui qui jouit veut jouir davantage. Celui qui possède veut posséder encore. Celui qui n'a rien envie celui qui a tout. Le Riche se refuse à partager ses richesses, le Pauvre s'impatiente de sa pauvreté. Le premier pense que tout est pour le mieux dans le meilleur des mondes; le second dénonce les flagrantes injustices du sort. Celui-ci, sous l'aiguillon de sa misère, devient révolutionnaire ; celui-là, craignant pour sa propriété, devient conservateur de l'Ordre et serviteur de la Force. Ainsi animés de sentiments contraires, le Riche et le Pauvre partent en guerre l'un contre l'autre. C'est l'éternel conflit des sociétés en décomposition, où les principes et les morales s'évanouissent devant la toute puissance de l'Argent !

Lors des affaires du Panama, le faubourg fut sondé : « En cas d'une entreprise contre le gouvernement, le peuple se soulèverait-il pour marcher contre le Palais-Bourbon ? — Pourquoi ? C'est canaille et compagnie ! Que les politiciens se débrouillent entre eux : *notre heure n'a pas sonné !* »

Quand sonnera-t-elle ?... Point d'interrogation auquel ne peuvent répondre ceux-là même qui entendirent des ouvriers évoquer « l'aurore sanglante du grand soir à venir ».

Momentanément résignée à son sort, assujettie par le travail, apoltronnie par le spectre de la Famine, matée par les nécessités matérielles, la classe ouvrière actuellement subit toutes les atteintes sans se révolter. Il semble presque qu'elle soit tombée en léthargie. Craignons que son réveil n'en soit plus terrible ! Déjà le faubourg méprise et hait. Frappé dans sa chair en ces douze derniers mois, il saigne de sa plaie, et, çà et là, brillent des lueurs de vengeance contre ceux qui le blessèrent.

.... Et, comme la tache d'huile, l'aversion s'étend aux entours, s'élargit, détruit toute affection, monte aux sommets. Puis l'envie s'infiltre, provoque aux regrets, aux désirs.... S'il n'y a pas de pain à la maison, la femme s'en mêle. Plus près des choses, plus violente, plus haineuse, elle apporte dans ses colères autrement de passion que son mari : « Ah ! si j'étais l'*homme*, on verrait !... »

Les femmes sont le tison. D'habitude si

résignées, si soumises aux tristes nécessités de la vie, elles deviennent des révoltées quand la misère les pousse. Elles sont les gardiennes du faubourg ; elles savent mieux que les hommes combien il recèle de souffrances; elles en restent plus directement blessées, pensant de longues, de terribles heures — les heures de solitude dans leur pauvre petit ménage si proprement tenu ! — à de vagues choses possibles...

Eux, ils courbent l'échine, ils patientent, ils s'emportent contre la femme, qui ne veut rien entendre, et, quand elles les pressent trop, ils n'ont que cette défaite :

— Bien sûr ! qu'il vaudrait mieux *se colleter* tout de suite, pour en finir une bonne fois ! Mais puisque on peut pas, faut bien attendre !...

Et le faubourg attend, les sens révoltés, l'âme endolorie.

A la veille du *18* Mars 1871, Jules Vallès écrivait :

« Il faut que Paris le sache, et que la
« France tout entière le sache aussi ! Ce
« Belleville désigné à toutes les colères, à
« toutes les haines... c'est un pays où l'on
« aime à sentir près de soi son fusil, mais
« c'est un pays honnête, où l'on travaille
« dur quand il y a de l'ouvrage, et qui ne
« se fâche justement que quand la besogne
« manque ou que le déshonneur déborde ! »

Les temps ont modifié les sentiments ! Le
déshonneur a débordé : Belleville ne s'est
pas fâché. Sa colère éclatera-t-elle quand
l'intérêt parlera, quand « la besogne man-
quera »?... Que la bourgeoisie y songe !

Quant à se soulever, comme ses aînés,
pour la défense d'un gouvernement quelconque; le peuple n'est plus si naïf, ou si
héroïque. Il avait placé tous ses espoirs
dans la République : la République les a
tous déçus. D'elle, il attendait la pratique de
la fraternité et de l'égalité : elle lui a donné
l'exemple du despotisme et de la corruption.

Restait la liberté : elle l'a confisquée ! Si bien que, comme Valentine Visconti, le peuple pourrait dire : « Rien ne m'est plus, plus ne m'est rien ! »...

Ah ! quelles funérailles splendides, en l'immense concours des nations accourues pour fêter l'An Un du siècle prochain, la France bourgeoise et parlementaire se devra de consacrer à la Vertu et à la Liberté — fondement de la République, pour couronner ce XIX° siècle tout de déceptions, qui débuta par la Dévastation et qui finit par la Guillotine, — pauvre siècle consommé dans l'avortement général ! et que l'Avenir, à qui revient la tâche de démolir pour édifier, baptisera le Siècle de la Banqueroute !

Paris. 1894.

FIN

TABLE DES MATIÈRES

Introduction 3

PREMIÈRE PARTIE : *LE REPOS*. 16

Chapitre I. — Les estaminets du faubourg . 17
 II. — La clientèle, le crédit, la concurrence, le pouvoir de l'Argent. 34
 III. — De l'alcoolisme 52
 IV. — Goûts, travers et opinions . . 75
 V. — Chants et plaisirs 89
 VI. — La Misère 102
 VII. — Les enfants et les femmes . . 114
 VIII. — De l'amour. 129

DEUXIÈME PARTIE : *LE TRAVAIL*. . . . 139

Chapitre I. — Le métier et les patrons . . . 140
 II. — Les Chevaliers de la Cloche. . 157
 III. — Des salaires 166
 IV. — Des syndicats professionnels. 180

TROISIÈME PARTIE : *L'AVENIR* 201

CHAPITRE I. — La politique et les ouvriers . 203
　　　　II. — Les réunions publiques ; la salle Favié 216
　　　　III. — Ouvriers et petits bourgeois. 230
　　　　IV. — Des idées mal définies flottent vaguement 243
CONCLUSION. — L'Etat d'Ame 265

Imprimerie de l'Ouest, A. NÉZAN, Mayenne.

www.ingramcontent.com/pod-product-compliance
Lightning Source LLC
Chambersburg PA
CBHW050655170426
43200CB00008B/1297